NEGOCIANDO CASOS COMPLEXOS
com famílias empresárias

NEGOCIANDO CASOS COMPLEXOS
com famílias empresárias

ALETÉIA LOPES

Labrador

© Aletéia Lopes, 2024
Todos os direitos desta edição reservados à Editora Labrador.

Coordenação editorial Pamela J. Oliveira
Assistência editorial Leticia Oliveira, Jaqueline Corrêa
Projeto gráfico e capa Amanda Chagas
Diagramação Nalu Rosa
Consultoria de escrita central de escritores Rose Lira, Iago Fechine, Álvaro Rosa
Preparação de texto Andresa Vidal Vilchenski
Revisão Mariana Cardoso
Imagem da capa Cláudia Soares

Dados Internacionais de Catalogação na Publicação (CIP)
Jéssica de Oliveira Molinari - CRB-8/9852

Lopes, Aletéia

Negociando casos complexos com famílias empresárias
Aletéia Lopes.
São Paulo : Labrador, 2024.
160 p.

ISBN 978-65-5625-614-6

1. Empresas familiares – Administração 2. Negócios I. Título

24-2166   CDD 658.045

Índice para catálogo sistemático:
1. Empresas familiares - Administração

Labrador

Diretor-geral Daniel Pinsky
Rua Dr. José Elias, 520, sala 1
Alto da Lapa | 05083-030 | São Paulo | SP
contato@editoralabrador.com.br | (11) 3641-7446
editoralabrador.com.br

A reprodução de qualquer parte desta obra é ilegal e configura uma apropriação indevida dos direitos intelectuais e patrimoniais da autora. A editora não é responsável pelo conteúdo deste livro. A autora conhece os fatos narrados, pelos quais é responsável, assim como se responsabiliza pelos juízos emitidos.

Dedico esse livro a todas as famílias empresárias que de alguma maneira sofrem com uma dinâmica familiar vulnerável ou adoecida, e que ainda não sabem como sair do labirinto da complexidade das relações empresariais e familiares.

E, em especial, a Deus, que está sempre ao meu lado, ajudando na minha jornada profissional.

SUMÁRIO

Prefácio —————————————————————— 9

A trajetória da negociação na família empresária ———— 11

A NEGOCIAÇÃO COMPLEXA ———————————— 21

Capítulo 1 | Irmãos X Sócios ——————————— 23

Problema I: Não se escolheram como irmãos, mas podem se escolher como sócios?

Boas Palavras: Reconciliação ——————————— 35

Capítulo 2 | O Justo X O Possível ————————— 37

Problema II: O que é justo e o que é possível na divisão de percentuais societários?

Boas Palavras: Entendimento ——————————— 48

Capítulo 3 | O Conflito X A Negociação ——————— 51

Problema III: Após um conflito, como retornar para o convívio da família e da empresa?

Boas Palavras: Harmonia ————————————— 63

Capítulo 4 | Poder X Família ——————————— 65

Problema IV: Como tirar o transgressor familiar do poder empresarial sem excluí-lo da família?

Boas Palavras: Adequação ————————————— 79

Capítulo 5 | Tios X Primos ———————————— 81

Problema V: Como evitar alterações no relacionamento entre os irmãos nos negócios, ao aproximar de seus filhos, que são, portanto, primos entre si?

Boas Palavras: Adaptação ————————————— 94

Capítulo 6 | O Calar X A Voz ———————————— 97

Problema VI: Como lidar com o silêncio ensurdecedor do fundador que grita no seio das famílias empresárias?

Boas Palavras: Consonância ———————————— 107

A NEGOCIADORA ———————————————————— 109

Capítulo 7 | O Perfil ——————————————————— 111

Quem é a negociadora de famílias empresárias que trabalha com casos complexos?

Boas Palavras: Encontro ———————————————— 122

Capítulo 8 | A Intervenção ———————————— 125

Qual o preparo e a intervenção da negociadora em situações complexas e desafiadoras nas famílias empresárias?

Boas Palavras: Perdão ————————————————— 139

Capítulo 9 | A Entrega —————————————————— 141

O que a negociadora entrega e não entrega ao fim do processo de resolução de problemas complexos nas famílias empresárias?

Boas Palavras: Articulação —————————————— 152

A negociadora das famílias empresárias em tempos mutantes ————————————————————— 154

PREFÁCIO

O mundo dos negócios e seu legado humano... Se a complexidade das relações tivesse um codinome, este seria família empresária, um contexto shakespeariano em que hierarquia, emoções, dramas e intrigas fazem a obra do dramaturgo inglês estar presente e viva cotidianamente.

Mergulhar no caos oriundo dessas relações familiares e empresariais é a praxe da negociadora, e sua arma mais poderosa me remete à essência, ao DNA da negociação – o poder da observação, a capacidade de fazer correlações e conexões e a experiência para realizar intervenções, um conjunto de habilidades que só podem ser forjadas no campo de batalha e apoiadas em fundamentos teóricos sólidos; uma mistura de técnica e arte.

Essa foi minha primeira percepção quando conheci Aletéia Lopes: uma força da natureza, um misto de consultora empresarial, terapeuta e mediadora, disposta a mergulhar nas entranhas das famílias empresárias, buscando, no caos das narrativas fragmentadas, as agendas ocultas, as palavras não ditas, as mágoas dissimuladas e os conchavos transgressores, que muitas vezes ficam encobertos pelos ritos e protocolos elegantes do mundo dos negócios, para ajudá-la a encontrar uma ordem possível, dinâmica e essencial.

Nesses últimos dez anos como presidente da Neurobusiness Company S/A e curador do Neurobusiness Summit, tive o privilégio de conhecer pessoas fantásticas, desde os mais notáveis neurocientistas da atualidade até os jovens mais inovadores e criadores de *startups* que estão revolucionando o mundo dos negócios.

Essa jornada me presenteou com o acesso a um conteúdo riquíssimo, pensadores geniais e conexões impensáveis, o que me permitiu criar um repertório robusto e um olhar afinado para diferenciar com certa precisão os entregadores de *commodities* e os entregadores de valor. Na realidade, considerava difícil ser surpreendido, mas foi exatamente isso o que aconteceu...

De todas as qualidades do ser humano, a que mais admiro é a coragem intelectual, e aquela mulher que entrou pela porta na minha turma inaugural do Cientista Comportamental era a personificação da coragem intelectual. Eu sabia que tínhamos uma jornada juntos, e ela acabava de começar.

Os livros possuem o poder de nos fazer ressignificar ideias, interações e atitudes pessoais. E para guiá-lo nesta jornada de aprendizado tão importante sobre as negociações complexas, a expert no assunto é a Aletéia Lopes.

Então, recomendo que não leia este livro; devore-o, pois você será transformado pela leitura que começa a seguir. Com uma linguagem direta e objetiva, ele revela estratégias, táticas e técnicas que mudarão sua visão sobre o universo das negociações complexas junto às famílias empresárias, e esse aprendizado poderá te ajudar a economizar muito tempo, dinheiro e dor de cabeça.

Boa leitura!

Ricardo Botelho
Presidente da Neurobusiness Company S/A

A TRAJETÓRIA DA NEGOCIAÇÃO NA FAMÍLIA EMPRESÁRIA

Ao longo da história, as negociações dentro das famílias empresárias passaram por uma transformação notável, refletindo a evolução das sociedades e das relações humanas. Nos tempos antigos, as empresas familiares eram dominadas por figuras patriarcais; o negócio era, de modo geral, fundado e liderado por um homem solitário. As decisões eram frequentemente tomadas sob a orientação dos padres, que desempenhavam o papel de mediadores e pacificadores em reuniões familiares. A transição para um sistema mais estruturado veio com a introdução da lei, delineando claramente a propriedade e trazendo advogados para o centro das negociações.

Entretanto essa mudança trouxe consigo desafios únicos. Os advogados, embora habilidosos na resolução de conflitos legais, muitas vezes não eram capazes de abordar as complexidades comportamentais e emocionais que permeiam as famílias empresárias. Da mesma forma, psicólogos e terapeutas especializados nas dinâmicas familiares costumavam não ter conhecimento sobre as complexidades do mundo empresarial.

Nesse contexto surge uma figura única: o negociador de casos complexos. Uma pessoa que compreende profundamente tanto as nuances das relações familiares quanto as complexidades dos negócios. Em um mundo onde a família é afeto e a empresa é razão, o negociador navega habilmente pelos dois espectros, equilibrando a necessidade de pacificação e harmonia com a demanda por eficiência e prosperidade nos negócios.

Os negociadores não são apenas especialistas em negociação, leis e regulamentos, mas também têm uma compreensão profunda dos indicadores financeiros e das dinâmicas comportamentais. Eles entendem que, em uma família empresária, o negócio é mais do que uma entidade jurídica; ele se torna parte do tecido da própria família. O negociador sabe que ressentimentos não resolvidos, disputas silenciosas sobre herança e rivalidades internas podem corroer os laços familiares e, eventualmente, prejudicar a empresa.

Para se tornar um negociador de casos complexos, como é o meu caso, a verdadeira arte está em encontrar o equilíbrio delicado entre afeto e lógica empresarial. Eles são catalisadores de conversas difíceis e, muitas vezes, atuam como facilitadores de processos de legitimação. Uma divisão igualitária pode parecer justa à primeira vista, porém um verdadeiro negociador examina cada caso com uma lente cuidadosa, levando em consideração as contribuições únicas de cada membro para o sucesso da empresa.

A história das negociações familiares e empresariais é uma narrativa de evolução contínua. Dos tempos em que os padres intermediavam conflitos à entada dos advogados, psicólogos e, finalmente, dos negociadores de casos complexos, a jornada foi longa e, como o termo sugere: complexa. No entanto, com esses especialistas em cena, há uma esperança para as famílias empresárias de que, ao harmonizar o ambiente familiar e de negócios, serão capazes de ser prósperas em suas empresas e, ainda assim, preservar os laços familiares que são verdadeiramente inestimáveis. Um aspecto não precisa ser deixado de lado em prol do outro.

Em uma negociação, a visão sistêmica é apenas o ponto de partida, um terreno conhecido cujos advogados, padres, consultores e psicólogos desempenham seus papéis tradicionais. Porém o que diferencia um negociador comum de um verdadeiramente habilidoso é a sua capacidade de transcender a visão sistêmica e adentrar o território das situações complexas com um olhar igualmente complexo.

> A complexidade de uma negociação exige a
> habilidade de sobrevoar o todo, observar
> as partes isoladas e a destreza em conectar
> cada elemento do sistema.

Como negociadora de casos complexos, não apenas analiso as peças do quebra-cabeça, mas também compreendo como elas se entrelaçam. Se, em um contexto sistêmico, um advogado pode ver apenas as implicações legais, e um psicólogo, apenas as dinâmicas emocionais, é o negociador que entenderá o jogo completo. Cada movimento que é feito e cada peça que é tocada ressoa através do sistema, provocando reações em cadeia imprevisíveis.

Para Edgar Morin – considerado um dos principais pensadores contemporâneos e um dos principais teóricos do campo de estudos da complexidade –, a realidade em que estamos inseridos é inacabada, incompleta e incerta. E ao reconhecermos essa verdade, também temos que nos atentar às múltiplas conexões entre as partes que compõem a realidade em que vivemos. Por isso, pensar, analisar e agir sobre as partes de forma isolada, e não como um todo, é reducionista e sem sentido.

Mas o que me capacita a lidar com tal complexidade? Um repertório vasto de experiências com casos complexos. Muitas vezes, esse repertório é moldado pelo desespero das situações. Quando as pessoas se encontram em um beco sem saída e não sabem a quem recorrer, buscam pelas mais diversas soluções. Alguns sugerem advogados ou psicólogos, mas a verdadeira complexidade emerge quando se percebe que, para resolver um quebra-cabeça, é preciso que todas as peças se encaixem; nenhuma pode faltar.

A complexidade reside na natureza dinâmica das relações humanas e empresariais. Mexer em uma parte do sistema não é apenas uma mudança localizada; é como jogar xadrez em um tabuleiro em constante movimento. Cada movimento gera uma reação em cadeia, e, como negociadora, eu me encontro constantemente ajustando as estratégias para acompanhar as mudanças imprevisíveis.

Em um mundo complexo, a certeza é um luxo raro. As negociações não são apenas sobre saber quais peças mover, mas também aceitar a incerteza do jogo. Uma estratégia que funcionou em um contexto pode falhar em outro; não por falta de habilidade, mas em razão da natureza volátil das relações humanas. Navegar nessas complexidades exige mais do que habilidade técnica; requer intuição, empatia e uma compreensão profunda das dinâmicas humanas e empresariais.

> A negociadora de casos complexos vai além da resolução de problemas; ela dança com a incerteza, encontrando padrões no caos e revelando soluções nos lugares mais improváveis.

É nesse espaço de complexidade que ela verdadeiramente brilha, transformando desafios, aparentemente insuperáveis, em oportunidades para construir pontes entre pessoas, famílias e negócios, criando, assim, um impacto duradouro no mundo das negociações familiares e empresariais.

Mas o que é, de fato, um caso complexo? Definir tal conceito é crucial para entender a profundidade dos desafios que o negociador enfrenta.

Em um contexto de famílias empresárias, um caso complexo é um problema que se arrasta por anos como uma verdadeira saga de desesperança e impotência. É uma narrativa cujos diversos profissionais foram chamados à cena, mas suas intervenções se mostraram inadequadas e insatisfatórias. É uma dor persistente, um câncer emocional que corrói pedaços da alma familiar, deixando para trás uma sensação de tristeza e frustração.

Os casos complexos são como feridas abertas que se recusam a cicatrizar. Famílias empresárias assistem ao problema impotentes, enquanto ele persiste, transformando-se em algo recorrente, uma sombra escura pairando sobre as relações familiares e os negócios. A sensação de impotência se intensifica a cada tentativa fracassada de solução, criando um ciclo de sofrimento que parece não ter fim.

Cada intervenção do negociador de casos complexos não é apenas um esforço para resolver um problema; é uma busca por cura, uma tentativa de sair das trevas para, enfim, voltar a ver a luz.

A angústia e a desesperança que permeiam essas situações dão lugar à resiliência e à expectativa que surgem quando um negociador habilidoso entra em cena. Trata-se de uma exploração do insondável, em que as conexões sutis e os desdobramentos inesperados se transformam em oportunidades para cura e transformação.

Em um mundo onde as soluções parecem efêmeras e a dor persiste, surge o seguinte questionamento: por que buscar a ajuda de um profissional qualificado? Não basta ser uma pessoa inteligente para conseguir resolver dilemas mais complexos?

A importância de envolver um especialista nesse cenário transcende as expectativas. A liberdade de viver sem as amarras do sofrimento constante não tem preço. É uma transformação que vai além do superficial, penetrando no cerne da existência.

Imagine encontrar um fundador que, após anos de angústia e sofrimento, parece ter renascido. Não é magia ou cirurgia plástica; é o resultado do trabalho e cuidado de um profissional verdadeiramente habilidoso. Encontrar-se com esse profissional faz as dores físicas se dissolverem e libera as amarras emocionais e psicológicas que tanto o angustiavam.

Quando uma pessoa recupera a vitalidade e o brilho nos olhos, é possível perceber que não se trata apenas de um negócio; a vida inteira dessa pessoa está sendo redefinida. O peso das preocupações, das ansiedades e dos desafios se dissipa, dando lugar a uma nova perspectiva. E essa mudança é palpável, visível nos sorrisos mais amplos e na energia renovada.

Ouvir palavras de gratidão de alguém que encontrou sua paz é inestimável. Escutar sobre a transformação profunda que ocorreu, uma metamorfose que vai além da superfície, é saber que, através do trabalho árduo e compassivo, a vida de alguém foi resgatada do abismo.

> Há um poder transformador na solução profissional que um negociador de casos complexos propõe. Quando os desafios parecem insuperáveis, um especialista capacitado oferece uma saída que restaura a esperança e a vitalidade de famílias inteiras.

A negociação de uma família empresária que está há anos em sofrimento é uma narrativa de renascimento cujas pessoas sobrevivem às adversidades e emergem mais fortes e mais vibrantes do que nunca.

Em um mundo cada vez mais interligado, onde as fronteiras se tornam permeáveis e as culturas se encontram, ainda é real o fato de que as diferenças culturais desempenham um papel crucial nas dinâmicas das empresas familiares, determinando e influenciando o grau de complexidade a ser enfrentado.

No Brasil, a flexibilidade cultural tem um papel vital. A capacidade de adaptação e a natureza aberta da sociedade brasileira facilitam a gestão de casos complexos em empresas familiares.

A aceitação de mudanças e a prontidão para abraçar novas perspectivas permitem uma abordagem mais fluída em relação às questões familiares e empresariais.

Por outro lado, países como o Japão enfrentam desafios significativos nesse quesito. Apesar de sua inovação tecnológica, o Japão é profundamente tradicional, valorizando a sabedoria dos mais velhos. Todavia a nova geração – especialmente a complexa Geração Z – desafia essas tradições. O choque entre uma cultura milenar e uma geração que vive em um mundo volátil e ambíguo cria um mal-estar nas empresas familiares japonesas. Conflitos geracionais e dificuldades em quebrar tradições milenares tornam a gestão de casos complexos ainda mais desafiadora.

Na Inglaterra, uma terra rica em tradições, as empresas familiares enfrentam uma encruzilhada entre o passado e o presente. O equilíbrio delicado entre manter a tradição e abraçar a modernidade gera desafios únicos. O desafio de integrar valores familiares profundos com as demandas de um mundo empresarial em constante mudança acrescenta camadas adicionais de complexidade.

À medida que as fronteiras culturais se dissolvem, os desafios se tornam globais, despertando a necessidade de abordagens sensíveis às culturas para encontrar soluções eficazes. Aprender com diferentes contextos culturais enriquece nosso entendimento e nos prepara para enfrentar as complexidades das empresas familiares em uma sociedade cada vez mais interconectada.

Após inúmeras experiências vividas com famílias empresárias e longas reflexões geradas a partir de cada caso, decidi escrever o meu terceiro livro. Cada página escrita aqui é resultado de um difícil caminho trilhado até me tornar uma negociadora de casos complexos de famílias empresárias.

Houve um momento em que me senti segura o suficiente para falar sobre minhas realizações. Autointitular-se pode parecer egocêntrico, ou pode soar como algo superficial e até falso. Entretanto, ao longo da minha carreira, as vozes dos que me rodeiam – parceiros e clientes – começaram a ecoar. O que iniciou como um incômodo título transformou-se em uma chancela poderosa. A validação de clientes satisfeitos é muito importante para mim. Quando novos clientes chegam até mim por indicação de alguém que elogiou e sugeriu meu nome e meu trabalho, é uma prova da confiança que depositam em mim. Essa validação foi o que me inspirou a consolidar minha carreira com esta terceira publicação.

Trabalhando há mais de quinze anos com famílias empresárias, e me dedicando exclusivamente à governança familiar e à resolução de casos complexos, este livro é um marco significativo. É um símbolo de dedicação, aprendizado e crescimento.

Lidar com casos complexos é uma experiência semelhante a remar diariamente em um rio de águas turbulentas. Nunca se sabe como estará o curso do rio naquele dia. Frequentemente sou chamada para atuar em uma situação para realizar um trabalho apenas de prevenção, mas logo me deparo com segredos familiares e desafios inesperados. Portanto essa é uma jornada permeada de incertezas, mas é nessa complexidade que encontro meu propósito.

> Cada novo desafio é uma faísca que acende minha paixão, um lembrete de que sou movida por desafios; não pela dor, mas pela oportunidade de criar soluções. Sou uma Negociadora de Casos Complexos.

Este livro é um convite para adentrar às profundezas dos casos complexos em famílias empresárias. Espero que você se identifique com as histórias exemplificadas e apresentadas, e descubra que há soluções específicas para os mais complicados desafios.

Muitos não têm conhecimento de métodos direcionados para resolver problemas complexos nessas dinâmicas familiares. Por esse motivo, esta obra vem como uma revelação, uma consolidação do conhecimento e da experiência que adquiri ao longo dos anos e que agora compartilho com vocês.

Desejo que ela se torne um farol para aqueles que buscam soluções, mostrando que, sim, essas soluções existem e estão ao alcance de todos, mesmo em situações complexas.

Aletéia Lopes

A NEGOCIAÇÃO COMPLEXA

Na primeira parte deste livro, exploraremos o papel crucial da negociadora nas famílias empresárias. A partir daqui, mergulharemos fundo no cerne das negociações.

Cada capítulo apresenta um enigma a ser desvendado, abordando temas de destaque que nos ajudarão a compor reflexões, entendimentos e soluções.

CAPÍTULO 1

IRMÃOS X SÓCIOS

———

Problema I:
Não se escolheram como irmãos, mas podem se escolher como sócios?

*Um homem nunca deve negligenciar
sua família pelos negócios.*
Walt Disney

Eis o primeiro problema que enfrentaremos: será possível escolher uns aos outros como irmãos, e também como sócios? Ser irmão é nascer no seio de uma família, compartilhar a mesma história de pai e mãe, sejam eles biológicos ou afetivos. É viver sob o teto familiar, uma convivência que não escolhemos, mas que nos é destinada. Algumas famílias ainda podem ter meios-irmãos, frutos de casamentos posteriores, mas havendo, ainda assim, o vínculo como uma ligação indelével.

A ligação de irmandade transcende o simples compartilhamento de genes; é uma experiência íntima, em que somos livres para sermos nós mesmos, sem máscaras. Afinal, as complexidades das relações familiares e empresariais não são limitadas pela biologia, mas, sim, pela natureza intrincada dos vínculos humanos.

Ser sócio ou sócia, por outro lado, é uma escolha consciente. Podemos selecionar alguém que compartilhe nossas visões, nossos valores, e, crucialmente, que possua as habilidades necessárias para complementar nossas fragilidades no mundo dos negócios. Diferentemente do laço sanguíneo, essa é uma relação que construímos e moldamos de acordo com nossas necessidades e aspirações.

Em empresas familiares, surge um DILEMA: os irmãos não escolhem esse laço que os une, mas será que podem se escolher como sócios? Muitas vezes, o que era para ser uma escolha, acaba virando uma imposição, sem levar em conta as complexidades das personalidades, das visões de mundo e das habilidades empresariais.

Com frequência, os pais decidem que os filhos devem se tornar sócios, independentemente de suas afinidades ou competências. Isso gera tensões inevitáveis, pois algo imposto raramente se desenvolve como algo genuíno.

A incapacidade de escolher seus próprios sócios frequentemente resulta em situações desconfortáveis. Você pode amar profundamente seus irmãos, apreciar os momentos de descontração com eles, mas, ainda assim, não os desejar como parceiros de negócios.

E essa é uma verdade difícil de aceitar. Em uma empresa familiar, essa escolha muitas vezes é negada. A resistência dos filhos em aceitar um sócio imposto frequentemente se transforma em conflito, afetando não apenas nos negócios, mas também nos laços familiares.

> Quando as discordâncias de negócios são levadas para casa, minam os relacionamentos familiares, criando um ciclo de tensão e ressentimento.

Esta dinâmica compulsória gera um desgaste significativo na sociedade e na família. Infelizmente, essa situação não é exceção, mas, sim, a regra em cerca de 90% das famílias que enfrentam esse desafio.

Mais adiante, examinaremos mais de perto esses dilemas, explorando as tensões, os desafios e as soluções possíveis para reconciliar a dinâmica familiar com as demandas implacáveis dos negócios. Ao fazê-lo, lançaremos luz sobre uma questão fundamental: é possível transformar laços sanguíneos e afetivos de uma irmandade em uma parceria de sucesso nos negócios?

Conheci uma família de quatro irmãos, cada qual com sua personalidade e perspectiva sobre os negócios. No epicentro dessa trama, havia um irmão visionário e incansável, um empreendedor, cuja paixão e visão moldaram a empresa familiar. Seu zelo pelo negócio, seu desejo de crescimento e sua avidez pelo risco o destacava dos demais. Ele era a personificação da excelência empresarial, um líder nato, cuja dedicação à causa era inquestionável.

Mas a família era formada por diferentes matizes de habilidades e ambições. Os outros três irmãos, embora éticos e competentes em seus próprios campos, careciam da mesma paixão pelo empreendedorismo. Eram indivíduos mais conservadores, inclinados a uma abordagem técnica e metódica nos negócios. Eles valorizavam a estabilidade, a segurança, em detrimento do desejo ardente de expansão.

O dilema se desenrolou quando o irmão que assumia a posição de liderança, movido por sua ambição e visão, expressou sua relutância em ter os outros três como sócios. Ele questionou a justiça da divisão igualitária da empresa entre eles, especialmente quando ele foi o principal motor do crescimento da empresa, muitas vezes sem a presença ativa do pai. A preocupação com o futuro da empresa se intensificou, pois os outros três irmãos, conscientes da expertise singular do líder, temiam o futuro da gestão do negócio sem a orientação dele.

A situação era ainda mais complexa em razão do contrato existente, que determinava que cada um dos quatro irmãos era herdeiro e, portanto, tinha direito a 25% da empresa em caso de venda. Esse impasse gerou um cenário de tensão, em que as negociações se tornaram ferozes. O líder desejava vender sua parte por um valor que refletisse seu papel preponderante na ascensão da empresa, enquanto os outros três irmãos resistiam a qualquer tentativa de modificação desse acordo.

Como resultado desse impasse, os negócios foram paralisados, deixando a empresa em um estado de estagnação preocupante.

O líder, sentindo-se desestimulado pela situação, viu seu entusiasmo minguar, enquanto os outros três irmãos, alheios à profundidade do dilema, continuaram suas atividades diárias. Um sentimento de insatisfação permeava o ambiente, uma insatisfação que se transformava em ressentimento coletivo. A ausência de uma escolha pessoal na formação da sociedade criou um vazio, uma lacuna entre as aspirações individuais e a realidade compartilhada.

Este caso desafiou não apenas as estruturas contratuais, mas também a própria essência das relações familiares.

- » Como encontrar uma solução que satisfaça todas as partes envolvidas?
- » Como reconciliar a ambição pessoal com a responsabilidade coletiva?
- » Como evitar que o rancor corroa os laços que deveriam ser alicerces de apoio?

Enquanto negociadora, precisei explorar esse drama humano e examinar as escolhas mais difíceis para realizar uma negociação satisfatória. Aprendi lições profundas ao longo da minha carreira e entendi que há muita complexidade em ser irmão e sócio ao mesmo tempo.

Para mim, este caso exemplifica um mergulho profundo em um dos dilemas mais complexos que a dinâmica familiar pode oferecer.

As COMPLEXIDADES mais diversas surgem quando os laços familiares se entrelaçam com as exigências do mundo dos negócios. Nesse caso, a questão central que nos confronta é: qual a principal complexidade na relação de irmãos e sócios que merece a atenção mais cuidadosa do negociador?

A essência desse questionamento reside na profundidade da intimidade. Quando somos sócios de alguém que não é da nossa família, a intimidade raramente ultrapassa a superfície. Podemos compartilhar visões, metas e conquistas, mas dificilmente nos aprofundamos nos detalhes mais pessoais. Todavia, quando esse sócio é um irmão, a dinâmica muda de maneira drástica. Irmãos são pessoas que cresceram juntas, que conhecem cada falha, fraqueza, erro e passado uma da outra.

Em uma empresa familiar, a intimidade entre irmãos, ao mesmo tempo que é um privilégio, também pode se tornar uma enorme inconveniência.

As discussões e desavenças em um ambiente empresarial são inevitáveis. Contudo, quando se é sócio de um irmão, esses desentendimentos assumem uma dimensão pessoal profunda. Enquanto se poderia apenas questionar as escolhas de um sócio comum, com um irmão, se tem acesso a uma reserva inesgotável de lembranças compartilhadas, inclusive aquelas que ele preferiria deixar no passado. Esses eventos, mesmo aqueles datados da adolescência ou até mesmo da infância, podem ser revividos em uma reunião, transformando uma discussão de negócios em um campo minado emocional.

A dificuldade não está apenas na exposição do passado, mas também na necessidade de conter esses impulsos de trazer à tona segredos familiares na frente de terceiros, sejam eles conselheiros externos ou executivos da empresa. Quando isso acontece, a situação é mais do que uma taça quebrada; é como se alguém derrubasse um buffet inteiro. Reunir os cacos da dignidade e manter uma discussão profissional após tal exposição é um feito verdadeiramente desafiador.

A necessidade de equilibrar a profundidade da intimidade com a objetividade dos negócios é um teste constante para qualquer relação de irmãos que são sócios.

Como você se mantém profissional quando seu irmão traz à tona seus piores momentos em um ambiente profissional? Como você separa as feridas pessoais das necessidades do empreendimento em comum? Como você constrói pontes sobre um abismo de memórias e emoções compartilhadas?

Diante desse cenário, O NEGOCIADOR deve explorar estratégias para navegar nesses territórios sensíveis. Sua missão é analisar os desafios de manter a dignidade em meio a exposições tão pessoais e descobrir como transformar essa aparente fraqueza em uma força unificadora. Afinal, a verdadeira medida de sucesso nessa relação complexa não é somente a habilidade de superar os obstáculos, mas também a capacidade de emergir mais fortes, mais unidos e mais resilientes do que nunca.

Existem três pontos de vista distintos sobre a difícil dinâmica de ser irmão e sócio. Cada perspectiva oferece uma visão única, revelando nuances essenciais sobre esse desafio. Primeiramente, examinaremos o OLHAR DO SENSO COMUM, que muitas vezes subestima a complexidade dessa relação no contexto empresarial.

Para o senso comum, a ideia de ser irmão e sócio parece algo natural e fácil de lidar, pois vê essa relação como uma extensão da convivência familiar, algo que não deveria ser complicado. É como se estivessem em casa, apenas levando a relação para o ambiente empresarial. Entretanto essa visão superficial não captura a profundidade das dificuldades que podem surgir. O senso comum subestima as tensões e os desafios, tratando os conflitos como algo passageiro e esperando que, como irmãos, eles superem qualquer obstáculo rapidamente.

Já de acordo com o OLHAR DA PRÓPRIA FAMÍLIA, a percepção sobre irmãos dividirem uma sociedade varia amplamente. Quanto mais envolvido um irmão estiver no negócio, mais claramente perceberá as dificuldades inerentes. Para aqueles menos comprometidos, a relação de sócios parece uma extensão natural da convivência familiar, algo que não demanda preocupação especial. A disparidade nas percepções cria tensões internas, especialmente quando um irmão está profundamente dedicado ao negócio e exige resultados concretos, enquanto outro tem a parceria como algo casual e descompromissado. Essas divergências podem se transformar em acusações e ressentimentos, ampliando as tensões já existentes.

Na terceira perspectiva, o OLHAR DO NEGOCIADOR assume papel crucial nessa complexa rede de relações, a fim de compreender todos os olhares envolvidos na empresa familiar, sejam internos ou externos.

Ao entender as experiências e emoções das famílias empresárias, o negociador pode guiá-las por caminhos que levam a uma colaboração mais harmoniosa e bem-sucedida, mesmo nas condições mais desafiadoras.

O papel do negociador é delinear os desejos e aspirações de cada irmão-sócio. Alguns estão ali apenas pela herança, enquanto outros almejam poder, dinheiro ou ambos. O desafio é equilibrar esses interesses divergentes.

Para aqueles que desejam poder, mas não se importam com dinheiro, costumo propor a compra de ações dos irmãos interessados em sair do negócio, um caminho que frequentemente leva a uma solução harmoniosa.

Para os irmãos que anseiam dinheiro, mas não querem o poder, ofereço a opção de vender ou trocar suas ações por algo mais alinhado com seus desejos pessoais. Aqueles que não desejam nem poder e nem dinheiro são lembrados de seus direitos, mas incentivados a buscar a felicidade fora da sociedade, especialmente se estiverem ligados ao negócio apenas por herança.

O desafio mais complexo surge quando um irmão-sócio deseja tanto poder quanto dinheiro. Nessa situação, o negociador enfrenta uma batalha árdua, pois essa combinação de interesses é inflexível por natureza. Quando me deparo com um caso desse tipo, trabalho incansavelmente para mostrar as consequências do litígio, revelando os custos financeiros e emocionais que uma disputa legal acarreta. Ao desenhar cenários caóticos resultantes de uma briga prolongada, instigo uma luta interna nos irmãos, encorajando-os a repensar suas demandas.

> A negociação não consiste em simplesmente encontrar um meio-termo. Na verdade, trata-se de ajudar cada irmão-sócio a se autoavaliar e compreender profundamente suas próprias prioridades.

O negociador deve atuar como um espelho, revelando as escolhas e possíveis caminhos. À medida que os irmãos enfrentam suas próprias batalhas internas, procuro orientar, sugerir e, acima de tudo, facilitar a comunicação necessária para transformar conflitos potenciais em resoluções viáveis.

Todas essas estratégias devem ser utilizadas pelo negociador para ajudar os irmãos-sócios a transcender suas divergências, transformando desafios em oportunidades e fortalecendo os laços familiares e empresariais de maneiras inesperadas.

A reconciliação entre irmãos-sócios é um desafio que muitas vezes parece insuperável. Em um mundo onde os desejos conflitantes de poder, dinheiro e vínculos familiares colidem, a SOLUÇÃO se revela surpreendentemente simples, mas intensamente transformadora.

Em uma empresa familiar, a negociação começa com uma compreensão fundamental: a família vem antes dos negócios.

A frase-chave que utilizo na negociação entre irmãos para iluminar o caminho até a reconciliação é clara: "Entendam que vocês são irmãos e precisam conviver, mas podem escolher não ser sócios e preservar a relação de irmandade." Esta é a essência da solução. É um apelo para romper as correntes impostas por expectativas e tradições, permitindo que cada irmão siga seu próprio caminho, sem a necessidade de estar atrelado aos negócios da família.

Com frequência, a decisão de não se tornar sócio é encarada como uma traição às últimas vontades do pai, especialmente quando este, no leito de morte, pede para que os filhos continuem unidos nos negócios. No entanto esse pedido não deve ser uma sentença de morte para a individualidade e a felicidade. É um convite ao perdão, um ato de amor que permite que cada irmão encontre sua própria realização, seja dentro ou fora dos negócios familiares.

A família, com seus abraços, discussões e momentos compartilhados, precede à empresa. Antes das reuniões de negócios, dos acordos e das divisões de lucros, há o amor incondicional entre irmãos. Esse amor é a base sobre a qual os negócios são construídos, e é esse alicerce que precisa ser resgatado e preservado.

> Quando os laços familiares são fortalecidos, os irmãos podem encontrar uma maneira de coexistir pacificamente, permitindo que cada um siga seu próprio caminho sem comprometer a relação familiar.

Em algumas negociações, os irmãos optam por seguir caminhos separados, não como um ato de rebeldia, mas como um gesto de amor-próprio e de respeito mútuo. Eles nos mostram que, ao colocar a família acima dos negócios, é possível encontrar a verdadeira paz e harmonia, não apenas como irmãos-sócios, mas simplesmente como irmãos, unidos pelo laço mais forte de todos: o amor familiar.

Entretanto, quando se tem uma empresa familiar, ela acaba tornando-se uma espécie de segunda casa. Para muitos patriarcas, a empresa é como um filho primogênito, uma entidade criada a partir do suor e sacrifício. Mas, para os irmãos, essa entidade pode ser tão estranha quanto um forasteiro.

> Muitas vezes, a dedicação desmedida dos pais à empresa resulta em uma ausência dolorosa na vida familiar. A empresa, que deveria ser um meio de sustento, torna-se uma sombra escura que consome a atenção e a energia do patriarca, deixando a família à deriva.

Em um caso extremo, deparei-me com o drama de um patriarca que, diante de sua própria mortalidade, decidiu levar a empresa consigo para o túmulo. Enquanto enfrentava uma batalha contra uma doença grave, ele se empenhou em destruir a empresa, arruinando-a antes de partir. A luta dos filhos para salvar o legado da família se tornou uma corrida contra o tempo, pois o patriarca estava irredutível e se recusava a permitir que qualquer um tocasse na empresa que ele estava determinado a enterrar consigo.

Essas situações extremas revelam o quanto alguns empresários podem ser profundamente dependentes de suas empresas. A confrontação se torna uma necessidade urgente para quebrar a ilusão de que a empresa é mais valiosa do que a própria família. A pergunta essencial emerge como um duro golpe: vale a pena sacrificar os laços familiares em prol de uma entidade corporativa? Algo óbvio, mas que precisa ser dito!

O contragolpe é um chamado à reflexão, à empatia e, acima de tudo, à priorização do amor e da unidade familiar acima das preocupações empresariais.

Com o auxílio de um negociador, famílias empresárias que enfrentaram esse tipo de dificuldade podem descobrir maneiras de reconciliar a importância da empresa com a preservação do amor e da coesão familiar. Esta é uma escolha que requer coragem para confrontar as dores e, acima de tudo, reafirmar os laços familiares como o verdadeiro tesouro a ser protegido e preservado.

―――――― BOAS PALAVRAS ――――――

Reconciliação

Em um mundo tão tumultuado e agitado, onde somos constantemente bombardeados por desafios e incertezas, a busca pela paz interior se torna uma necessidade vital. Diante desse anseio, Dalai Lama nos oferece uma profunda reflexão: "A felicidade é um estado de espírito. Se a sua mente ainda estiver em um estado de confusão e agitação, os bens materiais não vão lhe proporcionar felicidade. Felicidade significa paz de espírito". Essas palavras ressoam como um eco suave, lembrando-nos de que a verdadeira felicidade não é encontrada em posses materiais, mas na serenidade de nossos próprios pensamentos e emoções.

Nossa busca pela paz interior, como nos recorda Eleanor Roosevelt, vai além das palavras: "Não basta falar de paz. É preciso acreditar nela. E não basta acreditar nela. É preciso trabalhar por ela". Esse é um lembrete poderoso de que a paz não é passiva; é ativa, e requer compromisso, reflexão e ação contínua.

A paz de espírito, como descrita por Dalai Lama, é uma tranquilidade profunda, uma aceitação serena do presente, independentemente das circunstâncias externas. A busca pela reconciliação interior é, portanto, uma jornada diária de autoconhecimento, aceitação e compreensão. Exige a habilidade de abandonar as cargas do passado, se libertar das ansiedades do futuro e estar plenamente presente no agora.

Reconciliar-se consigo mesmo é um trabalho contínuo, uma prática diária para transformar nossos pensamentos, palavras e ações em instrumentos de paz. No entanto essa busca pela paz não se limita apenas à esfera pessoal, também envolve trabalhar ativamente pela harmonia e compreensão em nosso mundo compartilhado. Isso significa enfrentar conflitos com coragem, dialogar com aqueles que discordam de nós e buscar entendimento, mesmo nas circunstâncias mais desafiadoras.

Ao internalizar as sabias palavras de Dalai Lama e de Eleanor Roosevelt, podemos iniciar uma jornada transformadora em direção à reconciliação interior, jornada que nos leva a um estado de espírito em que a paz deixa de ser somente uma aspiração para se tornar uma realidade tangível.

À medida que nos aprofundamos na busca pela paz interior, somos confrontados com uma viagem emocional e profundamente complexa e significativa: a reconciliação com nossos irmãos e familiares. É comum que as relações familiares possam ser complicadas por desentendimentos, mágoas antigas e divergências profundas. Contudo a verdadeira paz interior só pode ser alcançada quando estendemos a mão para a reconciliação, quando escolhemos abraçar a compreensão em vez da amargura e o perdão em vez do ressentimento.

A paz de espírito está intrinsecamente ligada à nossa capacidade de abandonar as feridas do passado, de cultivar a aceitação e de encontrar a tranquilidade mesmo nas situações mais desafiadoras. Reconciliar-se com irmãos e familiares é um ato de autodescoberta, no qual aprendemos sobre nossa própria resiliência e compaixão.

Reconciliar-se com nossos entes queridos é mais do que uma conversa difícil que precisamos ter; é um compromisso ativo em trabalhar para a paz dentro de nossas próprias famílias. Isso significa ouvir com empatia, entender com clemência e, acima de tudo, perdoar com generosidade.

Que possamos abraçar a ideia da reconciliação com humildade. Embora as diferenças possam nos dividir temporariamente, o perdão tem o potencial de unir até mesmo os laços familiares mais machucados. Com a reconciliação, encontramos a oportunidade de cultivar um ambiente familiar enraizado no amor, na aceitação e na verdadeira harmonia.

CAPÍTULO 2

O JUSTO X O POSSÍVEL

Problema II:
O que é justo e o que é possível na divisão de percentuais societários?

Justiça extrema é injustiça.
CÍCERO

A definição do que é justo e injusto na divisão de percentuais organizacionais é um dilema que se desdobra como a Caixa de Pandora ao ser aberta, lançando questionamentos profundos sobre o CONCEITO do que é, de fato, justo.

A noção de justiça é uma esfera abstrata, ilusória e, muitas vezes, subjetiva. O que é justo para um pode não ser justo para outro; criando um terreno fértil para conflitos e desentendimentos. É como a história de uma mãe que, na tentativa de ser justa, compra presentes idênticos para seus filhos em seus respectivos aniversários. Para um, isso é uma demonstração de amor e cuidado, enquanto para o outro, é uma injustiça flagrante, uma falha na valorização de seu dia especial.

Essa percepção de justiça, formada desde a infância, infiltra-se nas estruturas empresariais e familiares. Os filhos se veem em disputas acirradas sobre a distribuição de ações ou cotas de uma empresa, com base em critérios como tempo de dedicação ou contribuição no desenvolvimento do negócio. É nesse contexto que encontramos o DILEMA: o que é justo para um pode parecer profundamente injusto para o outro, criando fissuras que ameaçam a estabilidade tanto da empresa quanto da família que a sustenta.

A falta de comunicação transparente agrava ainda mais esse problema. Decisões são tomadas nos bastidores, sem diálogo franco e aberto. O que deveria ser uma discussão familiar sincera sobre méritos e contribuições reais transforma-se em um acordo unilateral imposto por um pai bem-intencionado, mas talvez míope em sua visão de justiça. As consequências são desastrosas: ressentimento, desconfiança e uma sensação profunda de injustiça que reverbera por gerações.

A legitimidade se torna a palavra-chave nessa batalha. Aqueles que se sentem injustiçados anseiam por serem reconhecidos, enquanto aqueles que receberam mais se encontram em uma posição vazia, desprovida de legitimidade. Nesse impasse, relações familiares e empresariais desmoronam, levando a uma enfermidade sistêmica que mina o tecido fundamental das empresas familiares: a confiança.

Estabelecer a justiça nas empresas familiares não é simplesmente uma questão de divisão de bens, mas uma luta pela validação e reconhecimento.

Para resolver esse problema, é essencial uma mudança de paradigma: as decisões importantes não podem ser feitas nos bastidores; é preciso que o diálogo e a comunicação sejam transparentes e que abordem as complexidades individuais para superar essa armadilha de injustiça e, assim, finalmente, permitir que empresas familiares prosperem em harmonia.

A seguir, apresento um CASO concreto que ilustra os desafios complexos enfrentados pelas famílias empresárias. Uma história moldada por conflitos de interesse, desigualdades percebidas e a busca incansável por justiça e equidade.

Uma família composta por um pai, duas filhas e um filho, o primogênito. O pai, um empresário farmacêutico, viu sua empresa prosperar ao longo dos anos. O filho mais velho, desde a tenra idade de dez anos, dedicou-se incansavelmente ao negócio, sacrificando sua educação formal para contribuir ativamente. Enquanto isso, as irmãs desfrutavam de uma vida mais confortável, já que a família, antes modesta, agora prosperava.

Quando surgiu a oportunidade de expandir para o ramo de análises clínicas, o filho mais velho propôs a ideia ao pai, buscando um aporte financeiro. O pai concordou, investindo no novo empreendimento, mas mantendo uma parte significativa do negócio no guarda-chuva da empresa familiar. No entanto uma série de mal-entendidos e decisões contábeis equivocadas levaram os dois a ter discordâncias e desentendimentos complicados.

Foi nesse momento que entrei em cena como mediadora. Iniciei um processo de autoconhecimento individual com cada membro da família, permitindo que eles explorassem suas angústias e expectativas de forma privada. Foram meses de introspecção e reuniões individuais, preparando-os para um encontro em conjunto.

Na primeira reunião, incentivei-os a compartilhar memórias positivas, trazendo à tona momentos de felicidade compartilhados. Esse exercício humanizou a situação e abriu espaço para uma negociação mais saudável. Trabalhamos juntos para relembrar as contribuições reais de cada um através da linha do tempo, criando uma narrativa de legitimidade que antes estava ausente.

Usando a mediação como ferramenta, ajudei-os a reexaminar a situação sob uma nova luz. Incentivei-os a considerar pontos de vista alternativos e a reconhecer as contribuições individuais. Desfizemos os nós do ressentimento, substituindo-os por uma compreensão mais profunda.

Após intensas discussões e negociações, eles chegaram a um acordo. O filho mais velho manteve sua parte majoritária no laboratório, enquanto as irmãs receberam sua parcela justa. A equidade foi restaurada, não apenas nos números, mas também nas mentes e nos corações dos envolvidos.

Diante desse cenário, há uma enorme importância na comunicação aberta, no entendimento mútuo e na mediação, como ferramentas na resolução de conflitos familiares e empresariais. Esta jornada, repleta de desafios, demonstra que é possível lidar com as situações mais complexas quando há disposição para ouvir, compreender e, acima de tudo, reconhecer as contribuições do outro.

Em toda família existe uma capacidade inerente para superar adversidades, restaurar laços e forjar um caminho comum em direção a um futuro mais unido e promissor. Ao mergulhar profundamente na COMPLEXIDADE da comunicação em contextos familiares e empresariais, o negociador se depara com um dos pontos críticos mais desafiadores: a habilidade de promover conversas difíceis em um ambiente carregado de emoções e ressentimentos.

Ao enfrentar a tensão de uma família empresária desunida, o maior obstáculo se revela na necessidade de criar um espaço seguro para diálogos sinceros. Imagine uma sala onde os membros da família, imersos em raiva e desconfiança, precisam discutir questões delicadas. Qualquer palavra mal colocada pode desencadear conflitos verbais e até físicos.

Para superar esse desafio, implementei uma estratégia peculiar: ensinei-os, de forma prática, a conduzir conversas difíceis, mostrando-lhes que é possível discordar de maneira respeitosa. Introduzi a dinâmica da Caixa de Pandora, que prepara o terreno para essas discussões, seguidas por almoços em conjunto. Inicialmente desconcertados pela aparente contradição e ambiguidade entre a tensão da discussão e a camaradagem do almoço, eles gradualmente começaram a entender a necessidade dessas práticas e o que cada momento como esse representa.

Minha abordagem envolveu um cuidadoso equilíbrio entre provocação e contenção. Encorajei-os a expressar suas preocupações em uma dinâmica estruturada, desde confissões de desconfiança até revelações de quem eles prefeririam excluir do negócio. Apesar das tensões, essas conversas guiadas ajudaram a liberar emoções reprimidas.

Após os exercícios, emergiam ressentimentos e mal-entendidos que precisavam ser resolvidos. Em sessões individuais, trabalhamos o entendimento de algumas questões, desvendando caminhos para melhorar a confiança mútua.

> Dentro das empresas familiares, a franqueza é crucial, pois só quando reconhecemos nossas próprias falhas podemos começar a construir pontes.

Curiosamente, apesar de alguns acharem a minha abordagem nada ortodoxa, eles me procuram em busca de respostas. Confrontei seus receios, forçando-os a repensar comportamentos prejudiciais e incentivando a mudança. Através da aceitação brutal da realidade, eles começaram a ver que a solução para seus problemas estava ao alcance, desde que estivessem dispostos a enfrentar suas próprias sombras.

A dinâmica peculiar estabelecida durante nossas interações gerou curiosidade e expectativas. Quando um sócio ansioso questionou minha abordagem, respondi com uma promessa: todas as dúvidas seriam esclarecidas na próxima reunião presencial. Deixei-os no limbo, forçando-os a confrontar sua ansiedade e o desejo ardente por uma resolução.

Transformar tensões em diálogos frutíferos mostra que, mesmo em situações aparentemente impossíveis, a comunicação estruturada e corajosa pode iluminar o caminho para a reconciliação.

Esse caminho é árduo, mas, ao aceitar o desafio, descobrimos que a comunicação, quando cultivada com paciência e habilidade, é a chave para desvendar até os enigmas mais intrincados de relações familiares e empresariais.

Mas a COMPLEXIDADE não reside só na comunicação diante da balança do que é justo e injusto. Para as famílias empresárias, os conflitos sobre porcentagens não são apenas uma disputa por dinheiro, são batalhas pelo poder e reconhecimento. No cerne da questão, há uma luta pelo que é percebido como justo. O que torna esse dilema ainda mais complexo é a imensa dificuldade de quantificar questões subjetivas como poder, valor e reconhecimento.

No seio familiar, o material e o emocional se entrelaçam, formando uma intricada mistura de percepções. As questões subjetivas, como respeito, apreço e autoridade, não podem ser simplesmente convertidas em números e porcentagens. A quantificação do subjetivo parece ser uma tarefa impossível, resultando em um ciclo interminável de insatisfação.

A família empresária vive em um estado constante de tensão, tentando equilibrar o material e o emocional, o tangível e o intangível. Enquanto alguns buscam harmonia, outros lutam incessantemente por uma equidade que parece ilusória. A incapacidade de reconciliar as visões materiais e emocionais cria um dilema perpétuo, alimentando um senso de injustiça que persiste, independentemente do número de reuniões ou de acordos alcançados.

Nessas famílias, há uma eterna batalha entre a razão financeira e a emoção, e a tentativa de equilibrar o material com o emocional é uma jornada sem fim entre o que é "justo" e as realidades inquantificáveis da dinâmica familiar.

Nesse labirinto de sentimentos, o senso de justiça permanece esquivo, desafiando cada tentativa de resolução. Nesse ponto, torna-se evidente o papel crucial do negociador, que deve atuar como um habilidoso guia nesse delicado território, que busca encontrar um caminho através da complicada interseção de negócio e família.

No centro do conflito familiar está a necessidade de conciliar percepções subjetivas. Logo, o negociador enfrenta o desafio de traduzir emoções profundamente enraizadas em acordos razoáveis. Ele não apenas lida com números, mas interpreta a linguagem não dita de respeito, status e amor dentro da família, transformando-a em estruturas concretas e divisões monetárias.

A empatia se torna a pedra angular da abordagem do negociador, que ouve e compreende as nuances das preocupações e aspirações dos membros da família. Colocando-se no lugar deles, busca pontos de concordância, procurando equilibrar os anseios individuais com as necessidades coletivas.

> A capacidade de o negociador criar pontes emocionais é fundamental para dissolver ressentimentos e abrir caminho para soluções mutuamente aceitáveis.

Quem abre essa ponte entre o material e o emocional é o negociador, transformando palavras carregadas de significado em termos negociáveis. A comunicação clara e transparente se torna sua arma mais poderosa. Ao articular os desejos e medos de cada parte de forma compreensível, o negociador cria um terreno comum onde a justiça pode começar a florescer, mesmo em meio à complexidade emocional.

O papel vital do negociador o coloca na posição de facilitador de entendimento e reconciliação. Em um cenário onde a justiça é uma miragem distante, o negociador revela novas possibilidades e guia a família empresária através de traumas emocionais rumo aos acordos equitativos que são possíveis.

Há muitos altos e baixos em uma negociação familiar empresarial. Cada história oferece uma janela única para os desafios e triunfos encontrados no processo de busca pela justiça dentro das dinâmicas familiares.

Quando uma família empresária de várias gerações, líder em seu segmento, enfrenta uma crise, a nova geração, impulsionada por ambições individuais e visões divergentes para o futuro da empresa, geralmente entra em conflito com a liderança estabelecida. Nesse momento, o negociador entra em cena para preservar o legado da família enquanto tenta conciliar a inovação, a tradição e a identidade familiar.

Em outro caso, um patriarca visionário construiu um império empresarial diversificado. Porém, com sua partida iminente, a família se viu em meio a disputas territoriais. As divisões de interesses e perspectivas sobre o direcionamento do futuro da empresa ameaçavam desintegrar o que foi construído com tanto esforço.

O negociador, então, assumiu o desafio de unificar a família em torno de uma visão comum, protegendo tanto os interesses financeiros quanto o vínculo emocional entre seus membros.

No entanto uma situação comum nas famílias empresárias é ter um herdeiro relutante que é colocado à frente de um conglomerado de negócios após a inesperada morte de seu pai. Sobrecarregado pelas expectativas e pressões familiares, ele se encontra em um dilema emocional e financeiro. Então, o negociador entra em cena para criar um espaço onde o sucessor possa explorar suas próprias paixões e visões enquanto honra o legado de seu pai. O desafio é equilibrar as demandas do papel familiar com a busca individual por significado e propósito.

> A empatia, a comunicação clara e a habilidade estratégica do negociador se entrelaçam para criar soluções inovadoras em meio a conflitos aparentemente sem solução.

Frente a cada um desses obstáculos enfrentados pelas famílias empresárias, existem estratégias criativas e humanas que podem ser utilizadas pelo negociador para superar os problemas. Mesmo nas situações mais difíceis em meio a complexidade da justiça familiar e empresarial, a compreensão e o diálogo podem pavimentar o caminho para acordos justos e duradouros.

O negociador tem uma visão única sobre os tumultos emocionais e financeiros que permeiam as dinâmicas familiares e empresariais. Ele encara os problemas e logo visualiza o potencial latente para a paz e a justiça dentro dessas complexas redes familiares.

Para o negociador, cada conflito é uma oportunidade disfarçada. Enquanto os membros da família podem estar envolvidos nas sombras do ressentimento e da disputa, o negociador enxerga além. Seus olhos brilham com a possibilidade do que sua intervenção pode trazer: um caminho para a paz. Sua perspectiva é ancorada na resolução, e ele se esforça para encontrar SOLUÇÕES que acalmem os ânimos e proporcionem uma lógica reconfortante aos corações conturbados.

Em meio ao caos, o negociador busca gerenciar a crise emocional. Ele compreende que o sentimento de injustiça pode persistir, mas, ao trazer clareza e reconhecimento aos que se sentem prejudicados, logo desarma o poder do ressentimento. Ao invés de afastar os injustiçados raivosos, ele os atrai para mais perto, construindo pontes de entendimento. O foco é a solução, um espaço onde o material e o emocional podem coexistir em harmonia.

Não há uma abordagem única para a justiça familiar empresarial. Cada situação exige uma estratégia adaptada às diferenciações das relações familiares. Portanto o negociador explora diversas possibilidades: desde acordos verbais de reconhecimento da justiça até soluções complexas, como a divisão de empresas ou avaliações detalhadas para equilibrar os percentuais de propriedade. O OLHAR DO NEGOCIADOR é de personalização, garantindo que cada solução se alinhe com os valores e as necessidades individuais de cada membro da família.

A verdadeira solução está em se permitir sair do epicentro da crise. Enquanto está preso ao turbilhão emocional da injustiça, o OLHAR DA FAMÍLIA é míope, não consegue ver além da poeira levantada pelo conflito. O negociador incentiva uma mudança de perspectiva, a fim de que esse olhar possa vislumbrar horizontes mais amplos; por vezes, um chamado para ver o óbvio, mesmo quando o conflito obscurece essa visão.

— BOAS PALAVRAS —

Entendimento

Em meio às complexidades das relações humanas, encontramos uma verdade essencial que transcende o tempo e as culturas: o entendimento. Carl Jung, o renomado psiquiatra e psicanalista suíço, iluminou esse princípio ao proferir as palavras sábias: "Tudo o que nos irrita nos outros pode nos levar a um entendimento de nós mesmos". Com essa afirmação, ele nos convida a olhar para além das irritações superficiais e a explorar as raízes de nosso desconforto. Quando nos deparamos com características dos outros que nos provocam, estamos, na verdade, testemunhando um espelho que reflete nossas próprias complexidades internas. Cada irritação é uma oportunidade de autoconhecimento, uma chance para explorar nossa própria psique e compreender os mistérios de nossa mente.

No entanto o entendimento não é apenas um veículo para a autorreflexão individual; é também a chave para a harmonia coletiva. Albert Einstein, o brilhante físico teórico, ofereceu sua perspectiva única sobre a paz ao afirmar: "A paz não pode ser mantida à força. Somente pode ser atingida pelo entendimento". Essas palavras ecoam através das eras, recordando-nos de que a paz genuína não é um resultado da dominação ou imposição, mas, sim, do respeito mútuo, da aceitação e, acima de tudo, do entendimento recíproco.

O entendimento é uma jornada que começa no coração humano e se estende até os confins do mundo. É um processo de empatia, no qual nos esforçamos para compreender as experiências, perspectivas e emoções dos outros. Ao trilhar esse caminho de sensibilidade, descobrimos as semelhanças que nos unem e as diferenças que nos enriquecem.

No cerne do entendimento está a aceitação: aceitação das complexidades de nós mesmos e dos outros, aceitação das divergências de opinião e crença, e aceitação do fato de que somos todos navegantes nesse vasto oceano da existência. Quando cultivamos o entendimento, plantamos as sementes da paz. Através desse processo de compreensão mútua, podemos transcender conflitos, superar preconceitos e construir pontes entre as pessoas.

As palavras de Jung e Einstein convergem para nos lembrar de que o entendimento é um poderoso gerador de mudança. Quando buscamos entender os outros, enriquecemos nossa própria compreensão do mundo e, como consequência, contribuímos para a construção de um lugar mais compassivo e pacífico.

No turbilhão das mais diversas interações, em que ideias colidem e emoções se entrelaçam, o entendimento pode ser a única esperança.

CAPÍTULO 3

O CONFLITO X A NEGOCIAÇÃO

Problema III:
Após um conflito, como retornar para o convívio da família e da empresa?

*Se o homem falhar em
conciliar a justiça e a liberdade,
então falha em tudo.*

Albert Camus

O DILEMA, para a nossa reflexão neste capítulo, é sobre como restabelecer o convívio familiar e retomar as atividades empresariais após um conflito.

Definir o que constitui um conflito é essencial para compreendermos sua natureza. Um conflito não se trata apenas de discordância; é uma forma mais agressiva e desafiadora de divergência.

> Discordar é natural; uma parte inevitável da convivência. No entanto o conflito vai além, transformando a discordância em uma batalha em que palavras ofensivas, acusações irrefletidas e ações impensadas se tornam armas.

Quando atingimos o ponto em que a discordância se transforma em conflito, é como se abríssemos uma comporta em que contém todas as frustrações e ressentimentos acumulados ao longo do tempo. É interessante que, ao percorrermos a definição de conflito em vários dicionários, encontramos: "Oposição de ideias, sentimentos ou interesses".[1] Para aprofundarmos o CONCEITO, o conflito é mais do que o resultado da discordância, é o estopim de um desgaste constante e recorrente nas relações, seja no âmbito familiar ou empresarial, onde as faces do poder disputam espaço.

Imagine uma família de quatro irmãos. A pedra do conflito é lançada. Mesmo que a pessoa, alvo direto desse conflito, consiga relevar a situação, são os observadores que, na maioria das vezes, inflamam a situação; como bem diz o dito popular, "botam lenha na fogueira". Em um ambiente familiar, as raízes do conflito, por vezes, têm origem na infância, trazendo para a vida adulta questões profundas, como rivalidades e privilégios percebidos.

É mais fácil manter uma abordagem racional ao discutir com alguém fora do círculo familiar. Contudo, quando o vínculo é de

---

1 CONFLITO. *In*: AULETE, Lexikon Editora Digital, 2024. Disponível em: https://aulete.com.br/conflito. Acessado em: 3 mar. 2024.

irmãos ou parental, as discordâncias e desafetos, preferências e protegidos semeados na infância, ressurgem como uma grande nuvem carregada, gerando uma sombra assustadora que envolve toda a família. A sombra do passado... "o protegido dos pais", "quem recebeu tratamento preferencial", "a criança problema", e outras situações projetam-se sobre o presente, prejudicando ainda mais o panorama do conflito.

Nas próximas páginas, exploraremos os conflitos enraizados e arraigados, aqueles que conseguiram se estabelecer ou fixar nas relações familiares e empresariais. Examinaremos como os conflitos são manifestações de discordância e desdobramentos de questões inconscientes e, por vezes, irracionais; que extrapolam os limites da simples divergência. Prepare-se para adentrar em mais um caso complexo em busca de negociação após a tempestade do conflito.

A COMPLEXIDADE dos conflitos que se desdobram nas relações familiares traz à tona a seguinte questão: qual é o papel da negociação no processo de reintegração do membro da família?

O conflito, embora possa ser acalorado, muitas vezes não culmina em um rompimento definitivo. É possível amortizar as tensões, utilizando o distanciamento como um meio de acalmar as águas turbulentas.

Todavia, quando o conflito atinge o ponto de ruptura, é como se um laço vital se quebrasse. E é aqui que a negociação complexa se insere como uma ferramenta essencial para unir esses laços mais uma vez.

É fundamental saber sobre a diferença entre um laço desgastado e um laço rompido. No primeiro caso, o tempo pode ser um aliado, desempenhando o papel de um suave instrumento de reaproximação. O distanciamento temporário pode permitir que as emoções se acalmem e as feridas se curem.

Porém, quando ocorre um rompimento, apenas o tempo não é suficiente. Na verdade, pode até agravar a situação, alimentando expectativas não correspondidas e prolongando o sofrimento.

A tentativa de reaproximação pode assumir diversas formas. Alguns optam por uma abordagem mais extrema, envolvendo advogados para mediar a resolução. Outros escolhem o caminho do silêncio, comunicando-se apenas por meio de intermediários quando estritamente necessário, especialmente sobre assuntos relacionados aos negócios.

Um exemplo prático desse delicado campo minado é o uso de um executivo da empresa como mensageiro. Informações extremamente pontuais e ligadas aos negócios são transmitidas por esse intermediário. Entretanto essa prática, embora eficaz para boa parte dos assuntos, não aborda a essência do afastamento. Para restaurar os laços rompidos, é crucial ir além do simples repasse de informações e adentrar o terreno da escuta ativa.

A negociação genuína exige que o negociador não seja apenas um portador de mensagens, mas alguém capaz de compreender e reconciliar ambas as partes.

A reaproximação é um processo delicado, em que as feridas antigas são reconhecidas e um novo terreno é explorado, em busca de uma negociação que, embora inevitavelmente diferente, possa criar uma nova amarra, talvez mais forte do que antes.

Em meio a complexidade das relações familiares e empresariais, emerge um CASO que aborda bem sobre o retorno familiar aos negócios após uma ruptura, evidenciando a necessidade imperativa de uma reconciliação.

Nesse cenário, um pai, detentor de uma indústria, e seus dois filhos, proprietários de lojas de varejo alimentadas pela produção da fábrica do pai, encontram-se em meio a um conflito dilacerante. O patriarca, conhecido por sua postura impaciente e agressiva, viu-se mergulhado em uma espiral negativa à medida que o tempo avançava, exacerbando seus traços mais desafiadores.

Os filhos, observadores atentos das mudanças no comportamento do pai, enfrentaram uma situação inédita, quando, no ápice da tensão, o patriarca em um acesso de raiva, agrediu fisicamente um dos filhos durante uma discussão na fábrica. Esse evento traumático provocou um rompimento irreversível, levando o filho a cortar todos os laços pessoais e profissionais com o pai.

O filho, buscando distância e proteção, optou por intermediários, usando sua irmã como mensageira nas questões relacionadas ao varejo, e assim se manifestou, portanto, o OLHAR FAMILIAR, com paliativos e meios de suporte, mas não com resolução. Ele se afastou completamente da casa dos pais, recusando-se a participar de encontros familiares e manteve os filhos longe dos avós. Enquanto isso, o pai, cego sobre sua própria responsabilidade na crise, culpava o filho pelo afastamento e se recusava a buscar ajuda profissional.

A situação ficou insustentável para o filho, que agora considera a possibilidade de se desvincular totalmente do negócio. No entanto tal decisão é complicada, dada a interdependência entre a fábrica e as lojas de varejo, cujo nome é intrinsecamente ligado à marca da fábrica. A irmã, por sua vez, está sobrecarregada como porta-voz e mediadora, enquanto a mãe sofre com a ausência do filho e dos netos.

Com isso, o filho decide buscar a orientação de um advogado, que sugere uma abordagem de negociação com reaproximação. A proposta é clara: uma negociação para determinar quem cederá o quê. A ideia é que ou o pai compre o varejo do filho, permitindo sua saída do negócio, ou o filho compre a fábrica do pai, possibilitando a retirada do patriarca da equação empresarial.

Mas a negociação vai além de uma simples transação financeira, por meio de um *valuation*. Ela exige a disposição de ambas as partes para ouvir e compreender as perspectivas e dores do outro, e é nessa abordagem que reside o OLHAR DO NEGOCIADOR de casos complexos.

> Depois de um conflito, a reaproximação precisa ser reconstruída com sensibilidade. A família deve reconhecer que, mesmo após a negociação, os laços nunca serão os mesmos.

Seja através de um acordo de compra ou de uma reestruturação mais profunda, a negociação desse labirinto familiar e empresarial requer não apenas soluções práticas, mas um esforço conjunto para curar feridas antigas e construir um novo caminho adiante.

Os desafios e as estratégias envolvidas na condução de uma negociação eficaz nesse contexto tão difícil precisam englobar os negócios que que estão profundamente entrelaçados com os laços familiares. Como resultado, as negociações sensíveis buscam, acima de tudo, restaurar a harmonia entre membros de uma mesma família no ambiente empresarial e familiar.

O conflito familiar e empresarial se revela como um quebra-cabeça, fragmentado, exigindo um delicado movimento para unir os pedaços quebrados e encontrar as peças perdidas. Contudo o desafio vai além do mero encaixe, pois cada fragmento desalinhado carrega consigo as marcas do passado, muitas vezes ocultando as verdadeiras raízes do conflito.

Para desvendar a complexidade da situação e sua SOLUÇÃO, é essencial abordá-la sem a presunção de que a superfície reflete a verdadeira natureza do problema. A história do pai que agride o filho e rompe os laços familiares é apenas a consequência visível de uma trama mais profunda.

A busca pela verdadeira origem do conflito nos desafia a mergulhar nas narrativas dos envolvidos. Inicialmente, as histórias se desdobram de maneira racional e aparentemente linear, mas, à medida que a conversa avança, surgem os atos falhos. Esses fragmentos falhos das histórias é que tornam possível encontrar a matéria-prima para desenvolver e aplicar uma percepção aguçada, capaz de identificar as incoerências apresentadas. Ao cruzarmos as histórias, retiramos o véu das respostas óbvias e ensaiadas.

Na história em questão, a negociação se inicia a partir da indicação de um profissional, feita por um amigo do pai – amigo este em que o filho também confia. As verdadeiras complexidade e sutileza residem na aproximação do negociador com o pai, sem que ele perceba a ligação do negociador com o filho.

Então, a estratégia inicial envolve descobrir quem são os empresários de confiança do pai para indicar um profissional que o auxilie.

Nesse processo, o negociador deve lidar com a resistência do pai, que naturalmente rejeitaria qualquer solução proveniente do filho. A abordagem requer uma delicada dança de relações, em que o negociador se movimenta nos bastidores, procurando vínculos entre os conhecidos do pai.

Essa é uma tarefa complexa, uma vez que o negociador precisa ser a ponte para uma conversa sensível e eficaz, evitando o rótulo de estar a serviço dos interesses do filho. A negociação, nesse contexto, é como uma cirurgia delicada, exigindo habilidade para alcançar o âmago do conflito e revelar seus verdadeiros motivos.

Ao desvendar as raízes do conflito, muitas vezes obscurecidas por emoções e narrativas distorcidas, o negociador poderá começar a entender os elementos subjacentes. A disputa entre pai e filho transcende a agressão física; é uma batalha de poder, uma luta egoica pela identidade e reconhecimento na dinâmica empresarial.

À medida que o conflito se desenrola, o mediador deve conduzir as partes envolvidas a uma jornada de autoexame, explorando as motivações profundas que alimentam a hostilidade. Somente ao desvendar essas complexidades ocultas, a negociação genuína pode começar a abrir caminhos para a reconstrução dos laços familiares e empresariais rompidos.

A SOLUÇÃO para a trama complexa que envolve pai e filho na empresa e na família exige um mergulho profundo na psique e nos padrões de comportamento que moldam suas interações. Na maioria dos casos, o conflito aparente pode não ser o conflito real.

Nesse caso em questão, para expor o verdadeiro problema, o negociador precisou guiar o pai em uma jornada de autoanálise, fazendo-o encarar seus ciúmes e inseguranças em relação ao sucesso do filho.

O processo de trazer a questão à consciência é delicado, pois exige a exposição franca das emoções e a aceitação das motivações profundas que influenciam o comportamento. É necessário que o pai compreenda que o crescimento do filho não significa uma ameaça ao seu próprio status e importância na empresa. O negociador desempenha um papel crucial ao criar um espaço seguro para essa reflexão, em que o pai possa reconhecer, sem rodeios, os sentimentos de ciúmes que permeiam suas interações com o filho.

Mas é importante ressaltar:
Quem coloca a mão na ferida tem cura para mostrar.

Essa impactante frase resume a abordagem necessária para o processo de conscientização. Ao confrontar as feridas emocionais, o caminho para a cura é delineado. A capacidade de aceitar as próprias fraquezas e reconhecer a necessidade de mudança é o primeiro passo para transformar um conflito enraizado em uma possibilidade de pacificação das relações.

No contexto de empresas familiares, os conflitos muitas vezes são perpetuados por uma repetição de padrões transgeracionais, passados de uma geração para outra de modo inconsciente. Os membros da família se veem presos em uma disputa de acusações mútuas, sem perceber as origens mais intrínsecas do conflito.

A partir do momento em que a consciência é despertada, os indivíduos envolvidos podem começar a enxergar além das superfícies dos desentendimentos. Essa clareza permite que a "culpa" seja compartilhada de maneira mais equitativa, reconhecendo a responsabilidade de ambos na construção e perpetuação do conflito e, por consequência, na resolução. No entanto a conscientização é apenas o primeiro passo de uma jornada mais ampla em direção à cura e à reconciliação.

A nova compreensão do conflito precisa se transformar em ações concretas para reconstruir as relações familiares e empresariais, enquanto, paralelamente, os alicerces da empresa são fortalecidos para o futuro.

Após a delicada etapa de reaproximação, há o desafio de reintegrar os membros dessa família ao ambiente de negócios e às relações familiares. A reconciliação não é um ponto-final, mas sim o início de um novo capítulo que demanda cuidados e estratégias bem delineadas para evitar a repetição de conflitos passados.

Uma negociação bem-sucedida requer a imposição de regras claras. É como trilhar um caminho renovado, onde cada passo é guiado por acordos preestabelecidos a partir do novo cenário. Essas regras são fundamentais para criar um ambiente saudável e evitar que antigos ressentimentos ressurjam. Porém o excesso de burocracia pode sufocar a comunicação essencial entre os membros da família. O equilíbrio reside na criação de regras que promovam a transparência e a cooperação, sem asfixiar a fluidez das interações.

A avaliação periódica, uma prática antes inexistente, ganha destaque nesse novo contexto. A introdução de avaliações regulares, conduzidas por empresas externas, oferece uma visão objetiva do desempenho profissional e comportamental dos envolvidos. Essa abordagem realista e neutra é um termômetro crucial para medir o progresso e identificar áreas que necessitam de ajustes. A prevenção é um componente essencial na manutenção da harmonia familiar e empresarial.

> A imposição de regras não deve ser um mecanismo de fuga para evitar diálogos difíceis. A cultura da conversa franca deve prevalecer, porém as regras servem apenas como a batuta de um maestro para o entendimento mútuo.

No capítulo anterior discutiu-se a importância de ensinar a arte da comunicação, e este momento pós-negociação é o terreno fértil para aplicar os ensinamentos lá mencionados. Não se trata apenas de impor regras, mas de criar uma cultura cujas conversas difíceis são encorajadas e tratadas com respeito.

A construção das regras deve ser uma colaboração entre todos os envolvidos, personalizada de acordo com cada família. "Copiar e colar" de uma outra experiência não serve, pois cada família é única em sua dinâmica e desafios. A criação de regras personalizadas permite que cada membro internalize os compromissos de maneira significativa, contribuindo para uma cultura de responsabilidade compartilhada.

Nesse novo estágio, as lições do passado guiam os próximos passos. A complexidade das relações familiares que estão entrelaçadas aos negócios exige um equilíbrio delicado, em que as regras são aliadas na busca contínua pela harmonia.

O cenário das relações familiares conectados aos negócios revela, por vezes, padrões perturbadores que ecoam a síndrome do poder. Em meio a esse emaranhado, o mais fraco da família, aquele que geralmente não tem voz, com frequência se torna o bode expiatório, carregando nos ombros os fardos das frustrações e culpas alheias. A busca incessante por um culpado parece não ter limites, e mesmo quando um membro se retira, outro rapidamente ocupa o lugar vago, perpetuando um ciclo de desgaste e desconfiança.

Observando a dinâmica de poder nas famílias empresárias, é possível vislumbrar diversos casos que ilustram esses padrões destrutivos. Em um contexto em que o poder é centralizado e as rédeas são firmemente seguradas por um indivíduo egoico, surge a inevitável figura do bode expiatório. Entretanto este último, longe de ser apenas vítima, muitas vezes se acomoda na sua posição de fragilidade, encontrando conforto na sombra do irmão mais proeminente.

Assim, a legitimidade é a moeda de maior valor, e o líder inquestionável, por mais exausto que se sinta em carregar o fardo sobre ele, hesita em se desvincular dos laços familiares disfuncionais. A simbiose de sensações e sentimentos forma uma teia de emoções complexa em que a dependência – de uma suposta legitimidade – do irmão líder, torna-se uma barreira para a autonomia e o crescimento individual de cada um que compõe a família.

A questão persiste: por que, mesmo em face do desgaste e das frustrações, esses protagonistas hesitam em romper os laços? A resposta, muitas vezes, reside na busca por algo intangível, na tentativa de obter aquilo que parece faltar: reconhecimento, poder pessoal, autoafirmação. A legitimidade, essa chave elusiva, torna-se uma âncora que os mantém em uma falsa estabilidade, mesmo quando a liberdade e o sucesso individual estão ao alcance de todos.

O desafio, portanto, é romper esse ciclo doentio, desatar os nós que aprisionam o potencial de cada indivíduo e da família como um todo. A realidade complexa e multifacetada das empresas familiares instiga reflexões sobre como quebrar esses padrões e redefinir os rumos para um futuro mais saudável e promissor. Um futuro (re)conciliado com o passado.

---------- BOAS PALAVRAS ----------

Harmonia

Pitágoras, sábio matemático e filósofo da Antiguidade, proclamou que o universo é uma harmonia de contrários. Essa visão audaciosa sugere que, por trás da aparente cacofonia do mundo, existe uma sinfonia cuidadosamente orquestrada pela interação de forças opostas. Na dança cósmica, contrários convergem para criar uma tessitura em que luz e sombra, ordem e caos, entrelaçam-se em uma melodia eterna.

Essa compreensão, enraizada na filosofia pitagórica, convida-nos a transcender a superficialidade das dualidades, buscando uma percepção mais profunda e integradora. A discórdia não é simplesmente um embate de forças antagônicas, mas sim um elemento vital na composição da harmonia universal. É na ressonância dos contrários que a beleza se revela, transformando a aparente desarmonia em uma coreografia celestial.

John Archibald Wheeler, renomado físico teórico, ecoa essa harmonia ao afirmar que, no meio da confusão, encontramos a simplicidade; na discórdia, descobrimos a harmonia; e na dificuldade, reside a oportunidade. Essa é uma visão que transcende o microcosmo humano e se estende ao próprio tecido do cosmos. Em meio ao tumulto da existência, Wheeler nos lembra de que há uma simplicidade subjacente, uma ordem que emerge da complexidade, e uma oportunidade que se esconde nas dificuldades.

A harmonia, nesse contexto, não é a ausência de conflito, mas a capacidade de transformar discordâncias em um diálogo enriquecedor. As dificuldades, longe de serem obstáculos intransponíveis, tornam-se portais para oportunidades de crescimento e superação. É na aceitação e integração dos contrários que encontramos a verdadeira sabedoria, uma compreensão que transcende a dualidade e abraça a riqueza da diversidade.

Portanto o entendimento profundo surge não da negação dos contrários, mas da sua aceitação e negociação. Ao reconhecer a dança eterna entre opostos, podemos vislumbrar a beleza intrínseca da existência, na qual cada desafio é uma oportunidade, e cada discordância, uma melodia na sinfonia cósmica da vida.

Aceitar a coexistência de opostos não é mais do que uma sabedoria ancestral; é uma bússola para navegar pelos desafios da existência. Diante da confusão, podemos buscar a clareza; no embate, encontramos a oportunidade. Assim, ao compreendermos e integrarmos os elementos divergentes da nossa jornada, tecemos uma trama mais rica e equilibrada em nossa busca pela compreensão e plenitude.

CAPÍTULO 4

PODER X FAMÍLIA

Problema IV:
Como tirar o transgressor familiar do poder empresarial sem excluí-lo da família?

*Onde o amor impera, não há desejo de poder; e onde o poder predomina, há falta de amor.
Um é a sombra do outro.*

CARL JUNG

Há uma preocupação frequente entre as famílias empresárias: retirar o transgressor familiar da função empresarial sem desvinculá-lo de suas raízes familiares. Isso é possível? Neste capítulo, vamos nos debruçar sobre esse grande e doloroso DILEMA. O poder, uma entidade multifacetada, une-se de forma complexa com o âmago da família. Para exercer o papel de um negociador de casos complexos, é fundamental entender a relação entre poder e família, além de enfrentar a realidade de que, independentemente do perfil e da função desse familiar, ele possui poder dentro da dinâmica família/empresa.

É possível encontrar várias definições para a palavra poder, gosto de muitas, mas dois CONCEITOS se destacam. Entre eles, o do político e advogado brasileiro Ulysses Guimarães que disse: "O poder não corrompe o homem; é o homem que corrompe o poder. O homem é o grande poluidor, da natureza, do próprio homem, do poder". O segundo conceito é de Jean Baptiste Henri Lacordaire, padre, jornalista e educador que defendia a ideia de que: "A sociedade não é mais do que o desenvolvimento da família: se o homem sai da família corrupto, corrupto entrará na sociedade". Aqui, podemos observar as conexões existentes entre poder, família e sociedade.

Os movimentos do poder se revelavam intrigantes e multiformes. É possível ostentar o domínio na esfera familiar enquanto permanece à margem na hierarquia empresarial, e vice-versa. Existe, ainda, a complicada situação de alguém que detém o cetro em ambos os domínios ou, contrariamente, não tem poder em nenhum deles. E há também aquele que aparenta não ter poder em nenhum dos ambientes, mas é quem domina a arte de mover todas as peças para chegar aos seus propósitos.

Tais cenários se desdobram com suas próprias COMPLEXIDADES:

Quando o poder se manifesta no ambiente empresarial, mas se esvai no aspecto familiar, o transgressor emerge como uma figura nítida aos olhos daqueles que compartilham laços sanguíneos. O contraste entre a autoridade despótica nos negócios e a ausência de influência na família se destaca, tornando-o um indivíduo impiedoso aos olhos familiares, alheio às dinâmicas internas.

No entanto, uma outra situação se revela mais desafiadora e mais repleta de poder. Quando o detentor de poder, tanto na empresa quanto na família, torna-se uma figura a ser temida. Com a capacidade de ditar regras nos negócios e manipular relações familiares, essa pessoa impiedosa molda o ambiente conforme sua vontade. Aqueles que ousam questionar são rapidamente marginalizados, conduzindo muitos à melancolia ou à problemas psicológicos.

E ainda outra faceta surge quando o poder é exercido na família, mas ausente nos negócios, criando uma dinâmica de poder limitada. A dependência do sustento proveniente do negócio lança uma sombra sobre o familiar, relegando-a à periferia do poder econômico. Ser visto como alguém que não contribui significativamente para os empreendimentos torna-o alvo fácil para aqueles que detêm o poder nos negócios. Porém, como tem poder na família, usa a arte da influência no seio familiar para chegar aos interesses empresariais.

Por fim, aqueles desprovidos de poder, tanto na família quanto na empresa, enfrentam um desafio existencial. Suas tentativas de influenciar a família são ignoradas, enquanto na empresa suas vozes não ressoam. Uma existência fragilizada, à mercê das forças que moldam os círculos familiares e empresariais. Um sem voz, que mesmo nessa aparente ausência absoluta de poder, utiliza-se do poder da vitimização para alcançar seus objetivos.

Dentro desse complicado jogo de poder, desdobram-se dilemas e desafios inescapáveis. A dualidade entre família e empresa se torna um palco onde as complexidades da natureza e do poder humano se revelam de tal maneira que desenham o retrato de uma luta incessante pelos vínculos familiares, poder, equilíbrio e influência.

A ironia da vida se evidencia naqueles que, como peças de um quebra-cabeça que não se encaixa, ocupam espaços nos porta-retratos em cima da bancada da sala de estar. Em razão do sentimento de inadequação, essas pessoas se veem à margem de qualquer tipo de competência e, por consequência, são afastadas do "poder", tanto na família quanto na empresa. Nesse cenário, surge um paradoxo, pois os indivíduos, sem poder na família, muitas vezes, são instrumentalizados por algum detentor de autoridade, que estende a mão para ajudá-los, gerando um ciclo de dependência e codependência. Um fica refém do outro.

A complexidade das posições e patamares de poder entre diferentes indivíduos adiciona camadas dramáticas à trama. Dentro desse mosaico de complexidade, torna-se absolutamente visível que o poder não é uma entidade monolítica, mas, sim, um jogo de xadrez, com cada peça ocupando seu lugar estratégico. E, pior, por vezes, em busca de um xeque-mate! Fica claro que o poder se desdobra em diferentes horizontes temporais: curto, médio e longo prazo. O detentor de poder em ambos os domínios, familiar e empresarial, revela-se como uma força de curto prazo. Suas decisões, rápidas e incisivas, cortam como uma lâmina afiada, eliminando qualquer ameaça percebida à sua autoridade. Nesse tabuleiro, ele é o senhor supremo, determinando quem é digno de permanecer no jogo. Aquele desprovido de poder nos negócios, mas com alguma influência na família, torna-se uma peça de xadrez de médio prazo. Utilizando artimanhas, mina gradualmente a confiança e a reputação dos demais familiares, ganhando aliados ao longo do caminho. No jogo da política familiar, ele se destaca como um estrategista, moldando as alianças conforme seus objetivos.

Por fim, o indivíduo sem poder em nenhum dos domínios utiliza a tática do longo prazo. Busca minar espaços na família, onde ainda tem alguma presença, enquanto, na empresa, apela para o poder da vitimização. Nesse caso, a falta de espaço na empresa se torna uma ferramenta, uma narrativa convincente de privação e desamparo.

E, assim, a moral da história se desenha nas entrelinhas e sutilezas desse jogo intricado de poder. Aqueles que labutam em empresas familiares, independentemente do prazo, encontram-se à mercê das dinâmicas adoecidas e das relações de poder corrosivas. Pelo OLHAR DO ENTORNO, executivos habilidosos, os pilares da eficiência, veem-se arrastados para um papel indesejado de conselheiros e confidentes dos executivos familiares e dos demais membros dessa família. A queixa reverbera pelos corredores corporativos: ser um profissional não é apenas cumprir metas, mas, muitas vezes, tornar-se um "psicólogo" não remunerado.

Porém, pelo OLHAR DO NEGOCIADOR de casos complexos, a jornada contínua e cotidiana revela que, em algum ponto desse tabuleiro, os jogadores se cansam do jogo ou são retirados dali como vítimas das facetas do poder. E enquanto alguns consultores iludidos pensam que a amizade com o "mandachuva" é uma garantia, ignoram os sinais de quem, na sombra, mina alicerces e prepara terreno para a ascensão de outro. Não se engane; quem "puxa os tapetes" e faz o tabuleiro do jogo emborcar, anda de maneira silenciosa, estratégica e pacientemente, com um jogo de poder a longo prazo.

> A sabedoria está em enxergar além das aparências e compreender que, no jogo do poder, as lealdades podem mudar tão rapidamente quanto as peças são movidas no tabuleiro de um jogo de xadrez.

Em um jogo de sombras, uma forma de poder emerge como uma entidade altamente perigosa: a vitimização, um verdadeiro labirinto de manipulação que desafia a compreensão. Enquanto o poder manifesto se revela no chefe, na figura dominante, há também aquele que oculta sua face, o vitimizado, o coitado, o doente.

Aquele poderoso, mesmo sendo minoria, pode moldar o destino de muitos, enquanto a maioria, por medo ou falta de percepção do seu próprio valor e habilidades, permanece submissa. Essa covardia que culpabiliza os outros ao redor é aborrecedora, pois alimenta o poder destrutivo e transgressor de forma insidiosa.

A pior companhia que pode existir é ter ao seu lado alguém que se acovarda, que não questiona, que se contenta com a posição de vítima e a utiliza para chegar aos seus fins. Isso é poder.

Questionar não é reclamar, mas se fazer ser ouvido: "Eu penso e quero que seja feito dessa forma. Assim está errado! Vamos corrigir. Vou demonstrar minha visão do assunto e por que discordo para conversarmos sobre isso."

Aqueles que não têm a coragem de questionar, que se limitam a murmúrios e hesitações, fortalecem aquele que está pronto para explorar a sua fraqueza.

Na minha posição de NEGOCIADORA, expresso minha impaciência, minha recusa em aceitar a subserviência. Certa vez, quase cedi à irritação, mas a contenção foi minha escolha. Nunca tive paciência para a conivência silenciosa. Em meio a acusações de favorecer alguma das partes, afirmo a realidade dos fatos, de que estou do lado da harmonia familiar, por isso alguém sempre sairá com raiva de mim.

A independência é minha maior bênção. Tenho independência financeira, emocional e de conhecimento, essa tríade me confere o luxo de recusar imposições. Recuso-me a ser ditada sobre o que fazer. Respondo que não sei, que vou analisar. Se considerar viável, avanço; se não, mantenho minha posição.

Nesse universo complexo, em que as máscaras do poder assumem diversas formas, é a independência que se torna a âncora, permitindo-me navegar pelas correntes tumultuosas da dinâmica empresarial e familiar. Permanecer independente é o meu refúgio, a única constante em meio à fluidez do jogo de sombras.

Mas e a SOLUÇÃO? Existe no exercício da negociação de casos complexos, posicionamentos, atividades e pontuações que, quando colocadas da maneira e no tempo certo, desestabilizam emocionalmente até os mais resistentes.

> Aquele que domina a arte da desestabilização exerce uma influência tão avassaladora que chega a abalar até mesmo os negociadores mais habilidosos.

Os psicopatas, astutos manipuladores, conhecem bem a artimanha de desviar o holofote, trocando a narrativa negativa que se forma em torno de si por outra mais favorável. Com isso, as reuniões estratégicas da empresa se tornam palcos para dramas familiares.

Uma vez, testemunhei um caso chocante, protagonizado por um familiar com traços de psicopatia, que utilizou suas habilidades para desestabilizar o grupo. Na presença de seu irmão, ele orquestrou uma encenação cruel, acusou o irmão de invejá-lo por seu sucesso e ainda, de forma sórdida, insinuou que estaria em um envolvimento íntimo com sua cunhada, esposa do próprio irmão. Uma afronta direta e calculada, o que transcendeu as fronteiras da reunião de assuntos empresariais.

O caos se instalou na família quando o irmão, ciente de estar sendo prejudicado pelo transgressor à sua frente, foi alvo de um ataque devastador. Insultos, acusações e mensagens comprometedoras foram lançadas à mesa, abordando até mesmo questões sobre traição conjugal e assédio moral, envolvendo um parente indireto. No entanto tudo sem fundamento, e, posteriormente, a calúnia que foi colocada como cortina de fumaça foi comprovada.

Era um jogo sutil de manipulação, uma estratégia para desviar a atenção dos verdadeiros problemas do eu transgressor. Ou seja, uma mentira (transgressão) para desviar o assunto de outra transgressão, pois, enquanto os irmãos se confrontavam, o verdadeiro motivo do embate permanecia oculto: a descoberta de um desvio de milhões de reais por ele, o transgressor da empresa. Com a narrativa mudada, as acusações de assédio desviaram o foco da verdadeira fraude.

A influência na dinâmica familiar é ditada pelo poder que cada indivíduo exerce. Positiva quando há afinidade e lealdade, e negativa quando segredos obscuros se tornam ferramentas que emergem, manipulando a lealdade e explorando os vínculos familiares em benefício próprio.

> A relação em uma família empresária pode se tornar uma batalha pelo controle do poder, em que cada jogada, por mais sutil que seja, desencadeia consequências profundas.

Em um mundo, tanto físico quanto virtual, onde as alianças são moldadas pelo poder, os vínculos familiares são postos à prova, e aqueles que conseguem manobrar seus movimentos com maestria emergem como os verdadeiros vencedores dessa disputa familiar. Mas e a família? E a empresa? Quando as entidades são vistas de fora, isolando-as de seus integrantes, o que ganham com essa busca incessante pelo poder?

A complexidade das dinâmicas familiares muitas vezes transcende os desafios habituais enfrentados por um negociador. No caso de um filho que está, não apenas desfalcando a empresa, mas também chantageando o próprio pai, o conflito é intenso. Como abordar uma situação complicada como esta? Como conciliar o papel de um negociador com a sensibilidade necessária para lidar com um transgressor tão pertencente às estruturas familiares? Onde está a SOLUÇÃO?

A abordagem inicial é decisiva. O primeiro passo é fazer a família reconhecer a verdade crua: esse filho é mais do que um mero desajuste; é um doente, um transgressor sistemático. O óbvio precisa ser dito, e a conscientização é o caminho para isso. Muitas vezes, as pessoas resistem a aceitar que um comportamento tão destrutivo está enraizado em problemas de saúde sérios e patológicos.

Iniciando o processo, começo questionando sobre a infância desse filho problemático. Como ele se comportava na escola? O pai é levado a refletir sobre episódios em que era chamado à escola em razão das travessuras do filho. A adolescência também é explorada, revelando incidentes mais graves. Essa linha de questionamento desenha um panorama da história comportamental desse filho, mostrando que a transgressão não é um fenômeno isolado.

Durante essa investigação, vem à tona uma lembrança esquecida pelo pai, um detalhe essencial. Houve um momento em que o outro filho dessa família enfrentou uma depressão profunda e foi atendido por um psiquiatra. Porém o profissional alertou o pai sobre o filho transgressor, indicando um possível distúrbio de comportamento sério. Na época, a atenção do pai estava inteiramente voltada para o filho que buscava ajuda por depressão, e esse alerta sobre o transgressor passou despercebido.

A terapia de família, como sempre destaco, sugere que, em famílias adoecidas, surge um "paciente identificado", alguém que adoece literalmente para chamar a atenção da família para suas próprias enfermidades. Ele pode adoecer todo o ambiente. Nesse caso, o psiquiatra havia apontado para a família que aquele filho depressivo poderia ser um indicativo de um problema mais amplo. A família, na época, não deu a devida atenção, centrando-se apenas em tratar a crise, e não a causa.

O pai, ao recordar essa orientação, percebe que, de fato, seu filho transgressor não tinha uma anomalia pontual, mas um sintoma de um problema sistêmico que persistia há muito tempo. Outras peças do quebra-cabeça começaram a se encaixar e a consciência da família foi construída gradativamente.

A partir disso, a família conecta os pontos do passado e chega à conclusão inevitável: "Meu Deus, nosso filho é um doente, um transgressor. Não podemos confiar nele, e ele está no controle financeiro da empresa". A conscientização chega, mas o caminho à frente, para lidar com as consequências e encontrar uma solução, será desafiador e repleto de reviravoltas.

A descoberta do desvio de dinheiro pelo filho, agora revelado como o gestor financeiro transgressor, desencadeia uma série de eventos que exige da família ações enérgicas. A reação inicial é acionar uma auditoria para investigar os rombos financeiros e os desvios de dinheiro. A auditoria revela não apenas o que se suspeitava, mas também a abertura de uma empresa paralela para faturamento não declarado. A situação se complica, e o patriarca se vê diante de decisões difíceis sobre como lidar com seu filho.

A primeira reação típica do transgressor é lançar mão de manipulações para desviar a atenção e amenizar a severidade dos fatos. Ele busca envolver terceiros, criando narrativas que apontam para culpados externos, seja a ex-mulher, um amigo endividado, ou qualquer outro bode expiatório disponível. O pai, enredado nas atitudes manipulativas do filho, é confrontado com a difícil tarefa de discernir entre a verdade e as artimanhas emocionais.

Aqui, o papel do negociador é crucial. É muito importante antecipar as estratégias do transgressor e preparar a família para resistir às manipulações, além de alertar sobre as prováveis desculpas que serão apresentadas, para ajudar a família contra as artimanhas emocionais.

É um jogo arriscado em que cada movimento precisa ser calculado. A família precisa entender que esse filho busca apagar a luz para manter a família na penumbra da desinformação ou usar o fogo para incendiar tudo em volta. Então é papel da família trazer a luz à tona.

O pai relata um episódio em que o filho, aparentemente humilde, ajoelhou-se e implorou pela retirada do negociador da situação. No entanto a resposta do pai foi inesperada. Ao perceber a manipulação por trás do gesto, o pai não cedeu e, em vez disso, ofereceu um cheque em branco para o negociador continuar seu trabalho. Uma atitude surpreendente que demonstrou a resistência do pai às tentativas de manipulação emocional do filho.

Os pais podem ter diferentes reações diante dessas complexidades. Alguns podem optar por enfrentar a situação de frente, enquanto outros, sobrecarregados pela confusão e pelo drama familiar, podem preferir esconder a cabeça embaixo do tapete. A diversidade de respostas dos pais acrescenta uma camada adicional de desafio à gestão desse tumulto.

Uma estratégia possível, visando controlar o estrago financeiro, é mudar o transgressor para outra área, removê-lo do cargo de gestor financeiro, colocando-o em uma área onde suas oportunidades de desvio sejam reduzidas. Todavia é crucial compreender que essa medida não extingue a essência transgressora do indivíduo. Ele pode mudar sua tática, mas a transgressão persistirá. O desafio, portanto, passa a ser sobre como a família e o negociador lidarão com o transgressor de maneira a minimizar danos, e buscar soluções mais permanentes para a saúde da empresa e da família.

O negociador experiente tem a sua disposição diversas estratégias para lidar com o transgressor dentro da empresa familiar. Cada abordagem visa mitigar os danos causados por esse indivíduo que, muitas vezes, apresenta um padrão de comportamento transgressor ao longo de gerações.

Outra abordagem é antecipar a herança do transgressor e retirá-lo do núcleo do negócio. A família realiza uma avaliação de todos os ativos, determina a parte correspondente ao transgressor, e oferece isso antecipadamente. Essa medida visa a retirada do transgressor do centro das operações, permitindo-lhe explorar outros caminhos, ao mesmo tempo em que protege os interesses do restante da família.

Outra alternativa é permitir que o transgressor busque um novo caminho para si. Essa escolha pode atender ao desejo do transgressor de manter uma posição de poder, ainda que fora da empresa. É uma estratégia que precisa ser considerada com cautela, pois o transgressor pode continuar suas práticas danosas em um novo cenário.

A escolha entre essas estratégias depende da capacidade de a família suportar as consequências de cada uma. Algumas famílias toleram o comportamento transgressor, seja por considerarem que o dinheiro que foi desviado é insignificante, ou por caírem nas manipulações emocionais do transgressor, que se faz de vítima.

A negociação, nesse contexto, torna-se um desafio, especialmente quando o pai, por covardia ou inércia, não consegue confrontar o transgressor. Nessas situações, o negociador adota uma estratégia de aconselhamento aos demais membros da família, incentivando-os a sair enquanto é tempo. Essa medida visa proteger aqueles que não têm voz, alertando-os sobre a possibilidade de prejuízos futuros, caso permaneçam na empresa.

É comum que o transgressor exerça tamanha influência a fim de que os demais membros se sintam compelidos a sair, e, com isso, ele possa continuar no poder. Entretanto essa dinâmica é frequentemente exacerbada pela idade avançada do pai, que, por vezes, é uma figura transgressora por si só. A transgressão parece ser um legado transmitido, em que o filho, em uma versão aprimorada, reproduz os mesmos comportamentos do pai e perpetua uma cultura de transgressão na empresa familiar.

Essa repetição de padrões transgressores é evidenciada quando a mãe defende apaixonadamente o filho transgressor, como se ele fosse uma vítima inocente. Essa defesa fervorosa muitas vezes revela que o pai, no passado, também era um transgressor, e a mãe reproduz a dinâmica ao se apaixonar novamente pelo mesmo perfil de homem, dessa vez, personificado no próprio filho.

A negociação é uma batalha contra o transgressor para romper com padrões enraizados, abrindo caminho para a restauração da integridade familiar e empresarial nessa e na futura geração.

A abordagem para lidar com o transgressor dentro de uma dinâmica familiar é uma jornada complexa e personalizada. Cada família possui uma capacidade única de suportar a verdade, e seu desafio é decidir como enfrentar a transgressão que se revela.

Para algumas famílias, a verdade é insuportável. Nesses casos, o trabalho do negociador se encerra quando a realidade é apresentada, pois a família não está disposta a confrontar o que foi exposto. Contudo, quando a família está preparada para enfrentar a verdade, buscamos solucioná-la.

Sem esquecer que existem duas vertentes a serem resolvidas: a questão familiar e a empresarial. Por exemplo, a estratégia de antecipar a herança e remover o transgressor do núcleo do negócio é uma possibilidade, mas isso não necessariamente encerra o vínculo familiar. O transgressor, mesmo afastado, pode manter uma presença marcante, frequentando eventos familiares e demonstrando seu desdém pelas decisões tomadas.

A definição de como lidar com o transgressor após a sua saída da empresa dependerá da coragem e do teor de resiliência da família. Alguns terão a força necessária para confrontar o transgressor de frente, enquanto outros optarão por contornar a situação e reorganizar o poder familiar, mantendo o transgressor em uma posição menos influente.

Uma empresa familiar é um espaço que, muitas vezes, opera sem normas rígidas e controle definido; em um ambiente assim, as relações assumem dinâmicas difíceis de serem compreendidas e controladas. Por essa razão, ao lidar com transgressões nas empresas familiares, a negociação vai além das regras tradicionais, explorando territórios emocionais e éticos em um campo delicado: a família, ainda vista pelas convenções sociais como indissolúvel, imexível e intocada.

―――――――― BOAS PALAVRAS ――――――――

Adequação

No caminho da vida, o ato de recomeçar é como uma jornada de renascimento, mas, como nos alerta Caio Fernando Abreu, dramaturgo, jornalista e escritor, esse recomeço é permeado pela dor. Dizem que a única constante é a mudança, e recomeçar é justamente se submeter a essa mudança, muitas vezes dolorosa, que exige a investigação de novas verdades e a adequação a valores e conceitos inexplorados.

A vida, com suas reviravoltas e surpresas, muitas vezes nos força a reavaliar quem somos, o que valorizamos e no que acreditamos. Cada recomeço demanda uma sincera busca por compreender as verdades que se revelam nesse novo capítulo, enfrentando as transformações inevitáveis que o tempo nos impõe.

Chico Xavier nos lembra que não podemos retroceder para alterar nossos começos, mas sempre há espaço para recomeçar e redesenhar nossos destinos. Aqui, a palavra-chave é "adequar". Ao recomeçar, não apenas abraçamos o novo, mas também ajustamos nossas perspectivas, adaptamos nossos valores e, assim, criamos um novo meio e um fim cheio de boas perspectivas para nossa história.

O processo de adequação não é apenas uma mudança superficial; é uma imersão profunda em nós mesmos e nas circunstâncias que nos cercam. É um ato corajoso de redefinir e reconstruir, incorporando lições aprendidas, superando desafios e aceitando as verdades do presente.

Nesse sentido, o recomeço é mais do que uma oportunidade para um novo começo; é uma chance de crescimento, evolução e reinvenção. Ao abraçarmos a necessidade de adequação, reconhecemos que a vida é constante movimento, e nossa capacidade de adaptação e recomeço se torna a essência da nossa resiliência e sabedoria. Em cada novo início, encontramos a oportunidade de moldar nosso futuro, além de redefinir quem somos e a que aspiramos ser.

CAPÍTULO 5

TIOS X PRIMOS

Problema V:
Como evitar alterações no relacionamento entre os irmãos nos negócios, ao aproximar de seus filhos, que são, portanto, primos entre si?

―――――――――

A natureza nos uniu em uma imensa família, e devemos viver nossas vidas unidos, ajudando uns aos outros.
SÊNECA

―――――――――

A transição entre as gerações de uma empresa familiar é uma viagem regida pelo tempo, repleta de mudanças, forma de pensar e choques intergeracionais. Enquanto a passagem do bastão da primeira para a segunda geração é marcada por um vínculo poderoso entre pais e filhos, a transição para a terceira geração apresenta desafios mais complexos e, muitas vezes, perigosos para a estabilidade da empresa.

Algumas pesquisas realizadas no meio empresarial revelam uma realidade implacável: no Brasil, as empresas familiares representam cerca de 90% do parque empresarial.[2] Em cada cem empresas que são abertas, apenas 30% conseguem passar para a segunda geração, e, 5% chegam à terceira.[3] O motivo não é apenas a dificuldade de lidar com os negócios, mas também a difícil dinâmica das relações familiares.

Nos capítulos anteriores, exploramos os desafios enfrentados por irmãos criados sob o mesmo teto, mas agora seguiremos rumo à complexidade dos relacionamentos entre tios e sobrinhos. À medida que os filhos de uma mesma família crescem e se tornam pais, surgem estilos de criação divergentes, moldando visões de mundo distintas.

O CONCEITO de sobrinho é: filho de um irmão ou uma irmã, ou de um cunhado ou uma cunhada. Portanto a cunhada ou cunhado entra na complexidade. Já na definição de tio, teremos irmão do pai ou da mãe em relação aos filhos destes. Comece a perceber os desdobramentos que o conceito traz. E, por fim, os primos, que são os filhos de seu tio ou de sua tia. Acredito que é na empresa familiar que a frase de Luis Felipe Angell de Lama, mais conhecido pelo pseudônimo de Sofocleto, um escritor, poeta e humorista peruano faz sentido: "Os parentes distantes vivem sempre perto demais".

---

2   Dados do Instituto Brasileiro de Geografia e Estatística (IBGE). *Revista Exame*. Publicado em 25 de fev. de 2023.
3   Estudo do Banco Mundial. *Revista Exame*. Publicado em 25 de fev. de 2023.

A transição da segunda para a terceira geração traz consigo a fusão de núcleos familiares com abordagens e expectativas diversas. Alguns pais são conservadores e exigentes, enquanto outros adotam uma postura mais permissiva. Não há certo ou errado apenas estilos de criação diferentes, que moldam as perspectivas dos herdeiros.

O grande DESAFIO surge quando primos, criados sob influências familiares distintas, encontram-se para trabalhar juntos na empresa. É aqui que vamos desfazer o OLHAR DO SENSO COMUM, que defende e brinca com o ditado popular que diz: "Parente é como dente, quanto mais afastado do outro, melhor para evitar sujeira". Claro que aquele acostumado à rigidez do pai pode entrar em conflito com o tio mais permissivo. Como o pai é exigente, o tio pode se tornar um desafio para o sobrinho que busca liberdade e flexibilidade. E vice-versa.

Essa divergência de estilos cria atritos, um fenômeno que chamo de "cruzamento de tio com sobrinho". O risco de ruptura em uma empresa familiar aumenta consideravelmente nesses momentos, pois o instinto de preservação da espécie se sobrepõe à racionalidade empresarial.

O tio mais conservador, acostumado com as cobranças rígidas, pode tentar impor ao sobrinho o mesmo padrão aplicado aos filhos. No entanto o sobrinho, acostumado a uma criação com mais liberdade, pode se sentir desafiado e malcompreendido. Essa tensão, se não gerenciada adequadamente, pode levar a um rompimento irreversível.

Um exemplo vívido dessa dinâmica é o caso de uma família, dona de uma grande rede de supermercados. Onde antes havia harmonia, a transição de gerações trouxe à tona diferenças insuperáveis. O embate entre o filho e o tio, de temperamento forte, resultou em um rompimento devastador que afetou as relações familiares e a estabilidade do negócio.

Nesse caso, a falta de uma estrutura clara para a saída de sócios agravou a situação. A decisão abrupta de sair, realizada por um dos membros, levou ao esvaziamento dos recursos da empresa, causando impactos significativos em seu funcionamento. O desfecho dessa disputa demonstra como a ausência de acordos prévios e sólidos pode comprometer o futuro de uma empresa familiar.

> A fragilidade inerente à transição entre gerações joga luz sobre a importância de estratégias bem definidas para garantir a continuidade bem-sucedida da empresa familiar.

Nos negócios que envolvem uma geração de tios e primos, a disparidade nas formas de criação e educação emerge como uma COMPLEXIDADE central. É necessário ter em mente e compreender que cada filho é moldado por uma visão de mundo única, e é nesse contexto que as regras intergeracionais desempenham um papel vital para os negócios.

Ao adentrar o terreno delicado das relações entre tios e sobrinhos no ambiente empresarial, é imperativo estabelecer parâmetros claros. Como tio, é necessário definir a maneira de agir enquanto executivo em relação ao sobrinho, agora integrado como colaborador, funcionário ou prestador de serviços. Da mesma forma, o sobrinho precisa compreender as regras que regem a convivência com o tio.

Ao longo da minha carreira de negociadora, introduzi um conceito revolucionário nas dinâmicas familiares empresariais: o conselho intergeracional. Este conselho, diferentemente dos tradicionais conselhos consultivos e de administração, incorpora as novas gerações nos negócios familiares. Com o passar dos anos, desenvolvi estratégias para aproximar as novas gerações, estabelecendo regras que minimizam os riscos e promovem um momento indispensável de prestação de contas.

Em vez de permitir que desafios e desentendimentos entre tio e sobrinho se desenrolem nos corredores, vulneráveis a rupturas familiares, o conselho intergeracional oferece um ambiente seguro e estruturado, no qual as queixas e preocupações podem ser discutidas de maneira profissional, mediadas por um terceiro imparcial que suaviza as arestas e evita faíscas prejudiciais.

O momento de prestação de contas é central nesse processo. As novas gerações relatam o progresso de seus projetos, enquanto as gerações mais antigas compartilham detalhes imprescindíveis dos negócios.

O diálogo aberto e transparente permite que sobrinhos e tios se conheçam profissionalmente, desmistificando rótulos e crenças limitadoras que podem ter se formado dentro do ambiente familiar.

Ao testemunhar o desempenho profissional do sobrinho no contexto empresarial, os tios têm a oportunidade de reconhecer as habilidades e conquistas do familiar, indo além dos rótulos preconcebidos pelo OLHAR DOS FAMILIARES. Da mesma forma, os sobrinhos podem descobrir os detalhes do trabalho do tio, compreendendo a dificuldade e responsabilidade inerentes à gestão de negócios.

Esse processo de desmistificação é essencial para desfazer rótulos e crenças limitadoras que podem ter se solidificado no seio familiar. Ao descolar as críticas dos ambientes familiar e empresarial, cria-se uma dinâmica mais construtiva e menos propensa a conflitos irreparáveis. O conselho intergeracional, portanto, revela-se como uma ferramenta valiosa na preservação dos laços familiares e na sustentabilidade dos negócios.

> Estruturas intergeracionais bem definidas proporcionam uma visão aprofundada e uma gestão eficaz das relações familiares, e esse aspecto pode ser a chave para o sucesso duradouro das empresas familiares.

O conselho intergeracional, cuidadosamente criado para mitigar as complexidades das dinâmicas familiares na empresa, surge como a peça-chave para a harmonização entre a terceira e a segunda geração. Um espaço estruturado, onde as três gerações se encontram para navegar no oceano da sucessão e convivência empresarial, só que uns em iates, outros em lanchas e outros em caiaque.

Nesse conselho, a primeira geração desempenha o papel de observadora atenta, acompanhando de perto os rumos do negócio que construíram.

A segunda geração, composta em grande parte por executivos familiares, traz consigo a responsabilidade de apresentar os resultados da empresa, detendo áreas específicas sob sua supervisão.

A terceira geração, por sua vez, ingressa nesse fórum como *trainees*, introduzindo gradualmente suas ideias e projetos na empresa familiar. Uma abordagem que difere da tradição, na qual cargos de direção eram concedidos a membros familiares, mesmo sem base na experiência acumulada.

Essa terceira geração, imersa na era da tecnologia, abraça uma visão distinta de sucesso. Para ela, títulos como diretor não têm o mesmo apelo que para seus predecessores. Hoje, é comum para os mais jovens ganharem cifras substanciais através de empreendimentos próprios, com vendas on-line de jogos de videogame, investimentos em mercados de capitais e criptomoedas, por exemplo. Logo, a ascensão hierárquica tradicional, com seus anos de trajetória, já não representa um objetivo almejado.

Em contrapartida, quando a terceira geração demonstra excelência e destreza, surge um dilema. A família, naturalmente, deseja que esses membros talentosos alcancem postos de destaque rapidamente. Contudo, para a segunda geração, que dedicou anos de esforço para conquistar suas posições, a rápida ascensão de um membro mais jovem pode despertar ressentimentos.

Vale destacar que essa situação não trata apenas de ciúmes; é uma questão intrínseca à meritocracia. A dinâmica delicada de observar um recém-chegado ocupar uma posição de liderança pode suscitar questões sobre os fundamentos da promoção baseada em mérito dentro da empresa familiar.

Dessa forma, o OLHAR DO NEGOCIADOR percebe as relações entre as gerações como uma necessidade urgente de equilibrar tradição e inovação, experiência e perspectiva jovem, além de uma boa disposição para alinhar formas de comunicação diferenciadas pelo tempo.

O negociador, juntamente ao conselho intergeracional, surge como um mecanismo crucial para mediar essas complexidades, assegurando que o processo de sucessão seja conduzido de maneira justa e sustentável.

A interação delicada entre as gerações requer abordagens flexíveis e adaptáveis para garantir a continuidade eficaz dos negócios familiares.

Ao explorarmos os casos práticos que permeiam a dinâmica das empresas familiares, é preciso compreender não somente as rupturas, mas principalmente os casos que se transformam em narrativas de sucesso, moldados por métodos estruturados que nos proporcionam excelentes SOLUÇÕES.

Em um primeiro cenário, três gerações coexistem, com a primeira geração já ausente, deixando a segunda e a terceira para conduzir os destinos da empresa. Já em um segundo cenário, mais atual, a vivência se estende em um contexto que abraça a primeira, segunda e terceira gerações, implementando uma abordagem estruturada.

A vantagem dessa abordagem reside na introdução da terceira geração no ambiente empresarial, munida de um método sólido. Inserir os herdeiros sem uma metodologia definida – como já testemunhamos em casos que não prosperaram –, pode resultar em traumas e dilemas familiares de difícil resolução.

Ao lidar com a terceira geração, opto por integrá-la de forma gradual, principalmente quando estão em formação acadêmica. Através de projetos predefinidos, um herdeiro estudante de direito pode realizar estágios na área jurídica; no entanto precisa desenvolver uma visão mais sistêmica como futuro acionista.

Porém, para o herdeiro *treinee* que adentra novas áreas ainda não exploradas pela empresa, como e-commerce, surgem desafios. Muitas vezes, no primeiro momento, o pai e o tio compram a ideia, todavia, a ausência de regras claras pode gerar conflitos. Divergências sobre investimentos, prazos e estratégias se transformam em terreno fértil para atritos.

Certa vez, em uma reunião reveladora, destacou-se a importância de uma negociação eficaz. Em um CASO específico, um sobrinho se propôs a gerir o patrimônio imobiliário da empresa. Contudo a resposta inicial de um tio foi "não", declarando desinteresse em investir nessa área; essa colocação poderia ter migrado para um conflito familiar. Intervindo a tempo, apresentei alternativas práticas, sugerindo a possibilidade de envolver investidores externos.

É vital que a segunda geração esteja alinhada para validar esses projetos com a sua experiência em gestão. A apresentação estruturada de projetos, orçamentos e custos é fundamental. As discussões devem ocorrer em um ambiente mediado, onde os tios possam expressar suas preocupações, sem desestimular os sobrinhos ou criar atritos familiares. É um equilíbrio sutil, cujas respostas não devem ser precipitadas, mas, sim, construídas em conjunto para evitar desgastes desnecessários.

Ao abordar a transformação necessária nos paradigmas das empresas familiares, uma estratégia recorrente emerge: a progressividade, em que Edgar Morin defende a ideia de que toda mudança de paradigma não precisa de rupturas e, sim, de um processo progressivo para que tal mudança se instale sem maiores prejuízos para todos. Ele diz: "[...] você é um ser complexo, eu sou um ser complexo, não podemos estar reduzidos a um único aspecto da personalidade" e "A consciência da complexidade nos faz compreender que não poderemos escapar jamais da incerteza e que jamais poderemos ter um saber total: a totalidade é a não verdade".

Compreende-se que, na maioria dos casos, mudanças abruptas são desafiadoras, exceto em situações extremas, em que a sobrevivência demanda adaptações instantâneas. Todavia, na transição intergeracional, a mudança gradual se revela como o caminho mais eficaz.

A introdução de novos paradigmas no universo familiar e empresarial é delicada, exigindo uma abordagem progressiva. Essa transição envolve estrategicamente colocar os membros mais jovens como pontes entre as gerações, permitindo que se familiarizem com o terreno antes de adentrarem plenamente.

A estratégia de ocupar espaços inexplorados é fundamental. Por exemplo, ao lidar com um tio que é um diretor de logística centralizador, evita-se a apresentação de propostas nessa área específica. A mira recai sobre setores não explorados, como e-commerce, imobiliário, gestão financeira de ativos e criação de fundos. Essas áreas se aliam à modernidade e tecnologia, oferecendo um terreno fértil para inovações.

É primordial evitar títulos rígidos, estabelecendo pontes progressivas e conhecendo profundamente as dinâmicas da segunda e terceira geração, por meio de fóruns seguros.

Essa abordagem progressiva é conduzida com mentoria, suporte e certa padronização para nivelar as apresentações, impedindo que as diferenças de estilo causem atritos. Esse processo visa evitar que, em uma apresentação, um sobrinho use slides bastante elaborados enquanto o outro se limite a uma simples planilha, evitando comparações injustas.

Quanto às dinâmicas familiares, as regras são estabelecidas para reduzir fofocas e criar um ambiente claro de expectativas. A guerra das noras e genros, por exemplo, é abordada com uma proposta de trégua, orientada para o benefício dos filhos que estão ingressando no negócio. Este é um dos aspectos mais complexos, que requer uma administração cuidadosa.

A palavra controle, que muitas vezes é aplicada ao ambiente empresarial, encontra suas limitações na dimensão humana.

Tentativas de controlar relacionamentos, buchichos e opiniões são ilusórias e podem resultar em tensões desnecessárias. Em vez disso, o negociador deve focar na gestão das complexidades familiares, construindo pontes e estabelecendo tréguas, como uma estratégia mais eficaz para garantir o progresso nas empresas familiares em transição geracional.

Ao abordar a terceira geração, defronto-me com diferentes níveis de recepção. Os entusiastas, ansiosos pela oportunidade; os indiferentes, que veem com neutralidade a possibilidade de ingressar nos negócios familiares; e, por fim, os revoltados, cujas experiências anteriores geraram ressentimentos e bloqueios significativos. A recepção ao negociador pela terceira geração, imersa em negócios de vanguarda, é uma verdadeira mistura de emoções e expectativas. Quando adentro esse universo, os filhos que aspiram a ser sucessores, muitas vezes, me acolhem calorosamente, ansiosos pela oportunidade bastante aguardada de ingressar nos negócios familiares. Entretanto, por trás dessa disposição, escondem-se dilemas complicados que moldam as decisões dos patriarcas.

O temor de abrir precedentes e o jogo sutil de favorecer um herdeiro em detrimento de outro são desafios reais. A paridade acionária entre sócios cria um tabuleiro complexo, no qual o medo de desequilibrar as relações familiares paralisa decisões que beneficiariam a empresa. Nesse contexto, a chegada de um negociador é muitas vezes recebida como uma solução salvadora.

O negociador, ao ser contratado pela segunda geração, depara-se com situações em que a contratação ocorre de maneira discreta, sem divulgação aos filhos. Os pais, ávidos por consolidar o futuro de seus descendentes no negócio familiar, veem em minha metodologia uma estratégia eficaz para atingir esse objetivo. Silenciosamente, eles esperam que eu encontre uma solução para integrar o filho desejado enquanto, ao mesmo tempo, mantém sob controle os possíveis conflitos com outros membros da família.

A estratégia para conquistar os mais reticentes consiste em quebrar paradigmas. Deixo claro que não estou ali para moldá-los como sucessores compulsórios, mas como acionistas preparados para entender e administrar os ativos familiares. A revolta inicial, muitas vezes alimentada por eventos passados, cede espaço a um diálogo construtivo.

Ao apresentar a empresa de maneira sistêmica e estratégica, busco despertar o interesse e a participação da terceira geração. Longe de pressioná-los a assumir funções operacionais, meu objetivo é capacitá-los a compreender a dinâmica financeira e estratégica da empresa. Essa abordagem, embora desafiadora, visa transformar membros revoltados em participantes ativos, agora munidos de conhecimento e aptos a oferecer críticas construtivas nas reuniões familiares.

A complexidade desse cenário se mostra também em histórias de tentativas anteriores, nas quais conselheiros renomados foram incapazes de estabelecer uma conexão com a terceira geração. Seus métodos, aparentemente desconectados da realidade vivida pelos jovens herdeiros, resultaram em resistência, e até mesmo, na desistência de participar de um programa proposto.

> Entender as inúmeras variáveis das dinâmicas familiares é como desvendar um mosaico de milhares de peças, e só um negociador muito bem preparado consegue saber por qual peça começar.

As mães, muitas vezes, ainda estão envolvidas em rivalidades, e as relações entre irmãos podem ser frágeis quando se trata do futuro da empresa. Nesse jogo de relações, minha função é alinhar expectativas, desafiar resistências e, acima de tudo, pavimentar o caminho para uma transição geracional que honre o legado e promova a prosperidade do negócio familiar.

Nesses casos, a complexidade atinge seu ápice, representando um desafio no qual três gerações com pensamentos, relações e criações distintas convivem em um campo minado. Com duas pessoas da primeira geração, três da segunda e oito da terceira, totalizando treze indivíduos, à exemplo, a tarefa de alinhar essas diversas perspectivas se torna monumental.

O terreno é instável, repleto de primos competitivos que não se falam e se detestam. Quando a explosão é iminente, cabe a mim cortar os fios corretos, desligar a bomba e mitigar os conflitos. Esse é o tipo de desafio que, em vez de me afastar, me motiva a atuar com determinação. Não se trata de simplesmente expor o problema, mas, sim, de trazer clareza à situação.

Ao confrontar um membro da segunda geração sobre a realidade de seu filho, mesmo que isso possa causar um momento de tensão, percebo que a honestidade é a chave para desbloquear os caminhos. A verdade, muitas vezes desconfortável, é um antídoto para as falsas percepções que permeiam esse universo complexo. Após o tenso silêncio que sucede às duras revelações, a aprovação do meu trabalho evidencia que, mesmo diante da resistência inicial, a verdade é um catalisador de mudanças necessárias.

Essa abordagem direta e imparcial é o que diferencia minha atuação. Em um ambiente onde muitos preferem palavras bajuladoras que amenizem as realidades inconvenientes, escolho ser a voz que desafia, corrige e inspira a reflexão.

O comprometimento com a verdade e a entrega inquestionável são as ferramentas que carrego, sabendo que, no mundo complexo das relações familiares e empresariais, essa é a única maneira de abrir caminhos para o progresso.

Ao finalizar minha breve estadia em uma família empresária, consciente de que minha presença foi intensa, deixo claro que meu propósito é gerar transformações em um tempo determinado. A verdade pode incomodar, mas é a única base sólida para a construção de relações familiares e empresariais saudáveis. À exemplo, gosto de um verso contido nos evangelhos que diz, "conhecereis a verdade e a verdade vos libertará". Sem pretensões proselitistas, essa é uma boa verdade sobre a verdade.

Enquanto alguns optam por ser bengalas emocionais, eu escolho ser a agente de mudanças, pronta para desafiar o *status quo* e apontar o caminho para famílias empresárias que buscam longevidade em seus negócios.

— BOAS PALAVRAS —

Adaptação

José Saramago, em sua sabedoria literária, lembra-nos de que a verdadeira felicidade reside na paz interna. Estar em paz consigo mesmo é um estado de espírito que transcende as complexidades do mundo exterior. Em um olhar introspectivo, somos convidados a revisitar nossa jornada e constatar que, em meio às adversidades, não causamos danos significativos aos outros. Essa reflexão ressalta a importância da serenidade interior como alicerce para uma vida plena e feliz.

Machado de Assis, por sua vez, brinda-nos com a compreensão de que as feridas da alma não cicatrizam apenas com o tempo, mas necessitam do toque suave do carinho, da atenção e, acima de tudo, da paz. As dores emocionais exigem cuidado, uma delicadeza que vai além da superfície, penetrando nos recantos mais íntimos da alma. É na pacificação interior que encontramos o bálsamo capaz de curar as feridas mais profundas.

Unindo as visões desses dois grandes escritores, percebemos que a pacificação é um processo próprio da jornada humana. Estar em paz consigo mesmo não significa ausência de desafios, mas, sim, a habilidade de enfrentá-los com equilíbrio e serenidade. O carinho e a atenção, aliados à busca incessante pela paz interior, formam um trio poderoso na arte de curar as feridas que, por vezes, a vida nos impõe.

Assim, ao reconhecer que não causamos grandes males aos outros e ao tratar as feridas da alma com carinho, atenção e paz, abrimos as portas para uma existência mais plena e significativa. Em um mundo tumultuado, a pacificação interior emerge como um farol, guiando-nos para a autenticidade, a compaixão e a verdadeira felicidade.

CAPÍTULO 6

O CALAR X A VOZ

Problema VI:
Como lidar com o silêncio ensurdecedor do fundador que grita no seio das famílias empresárias?

*Porque metade de mim é o que eu grito
a outra metade é silêncio.*

Oswaldo Montenegro

No coração das famílias empresárias, ecoa um silêncio que fala mais alto do que as palavras. É o silêncio do fundador, uma figura inicialmente visionária, forjada na escassez que ergueu um império com mãos calejadas. Aquele é um homem que merece respeito, pois construiu algo grandioso da estaca zero. Contudo, à medida que o tempo avança, o grito do fundador se torna um sussurro, enquanto seus filhos assumem gradualmente o comando do negócio. Esse é o nosso DESAFIO neste capítulo, construir a sensibilidade para a escuta do fundador da empresa familiar que se senta à mesa da sua sala de estar com a família que formou.

Nas raízes desse enigmático panorama, encontra-se um empreendedor centralizador e resoluto. Ele é a encarnação do trabalho árduo, um líder que decide com determinação e vibra com a vida. Conforme os anos passam, ele nutre o desejo de incorporar seus descendentes ao negócio. Assim, eles são introduzidos desde tenra idade, absorvendo todo o conhecimento acerca do empreendimento enquanto o patriarca luta na linha de frente.

Os filhos, contudo, tornam-se gestores em uma era diferente. Armados com habilidades tecnológicas, eles plantam nos campos desbravados pelo fundador. Enquanto a geração X domina a modernidade, os *baby boomers* lutam para acompanhar. O fundador, outrora imponente, vê seu poder de fala diminuir à medida que os filhos assumem responsabilidades, modernizando o negócio com tecnologia, indicadores, conselheiros externos e com palavras "excludentes", que antes não existiam, e que não alcançam os seus ouvidos.

Esse grande empresário, que outrora ditava as regras, se vê em um cenário desconcertante. Ele é a figura institucional, o presidente, mas sua voz começa a se desvanecer. Os filhos profissionalizam o negócio, consultam-no em decisões cruciais, mas, no cotidiano, sua voz é eclipsada. A transição é gradual, e é comum que o patriarca não perceba que o comando está sendo sutilmente transferido. Mas não nos enganemos, sua voz ainda fala! Anne Frank, em seu diário, encontrou sua forma de falar mesmo presa em seu confinamento, e nele escreveu: "É mais fácil murmurar os sentimentos do que dizê-los em voz alta".

Entre o calar e a voz, um CONCEITO é pertinente, o sussurro do fundador: o murmúrio, o zumbido, o cicio, como o vento na folhagem, o som confuso, o ato de falar ou "gritar" em voz baixa... um sussurro, como o silêncio que precede a chuva ou a tempestade.

Este é um DESAFIO delicado e que precisa do máximo de respeito. Enquanto negociadora, entro nesse contexto em que qualquer intervenção terapêutica é vista com desconfiança. O fundador, orgulhoso e determinado, não se vê como alguém que precisa de acompanhamento psicológico ou qualquer outro tipo de ajuda. Ele quer liderar como antes, mas a realidade o confronta. Choros copiosos substituem os antigos gritos nas reuniões. Ele se vê perdido, tentando recuperar uma voz que se calou diante das mudanças.

Nesse momento, eu me pergunto: por onde começar? Antes, ele ditava as regras sobre trocar um carro, por exemplo, mas agora os filhos têm dividendos e autonomia. Eles não precisam mais de permissão para decidir.

> Quando o passado cede espaço ao presente, o silêncio do fundador de uma família empresária, uma vez ensurdecedor, clama por uma nova abordagem para lidar com os desafios de uma transição geracional.

Mesmo detendo uma posição de destaque, o fundador experimenta uma perda de poder à medida que sua voz enfraquece. Envelhecendo, ele vê sua credibilidade desvanecer, tornando-se uma figura marginalizada, quase esquecida. O mundo ao seu redor o vê como antiquado, uma presença simbólica e sem real influência. Essa situação é mais fortalecida em regiões ou países onde o etarismo é uma realidade.

Etarismo[4] é o termo utilizado para definir o preconceito às pessoas com base na idade, algo observado, principalmente, no ambiente de trabalho. Os idosos são o grupo que mais sofre com o etarismo no Brasil e no mundo.

A situação se agrava quando o sucessor, muitas vezes um filho transgressor, toma as rédeas do poder. O patriarca, inicialmente protegido sob o pretexto de poupar-lhe preocupações, é, na verdade, silenciado. O transgressor, empoderado, utiliza a desculpa da proteção paterna para encobrir suas ações e, ao mesmo tempo, livrar-se das interferências do fundador. Aqui, pode-se configurar a aplicação de violência psicológica contra o fundador ao calar sua voz por meio do etarismo velado com fins de benefício próprio.

Um CASO que foi marcante em minha carreira, em uma narrativa de desespero e manipulação, aconteceu com um fundador, debilitado por um infarto, que se via à mercê do filho transgressor. As informações financeiras eram retidas, as decisões eram tomadas sem seu conhecimento, enquanto ele agonizava em um silêncio mortal. A intervenção só ocorreu quando uma terapeuta ocupacional percebeu a urgência da situação.

Ao ser apresentada a esse fundador esquecido, eu lhe devolvi a promessa de poder. Disse a ele: "Esse projeto dará certo desde que você queira e tenha a coragem necessária. Só você pode fazer isso; afinal, está tudo em seu nome. A caneta ainda é seu instrumento de poder. Você pode recuperar tudo".

---

4   No Artigo 96 do Estatuto do Idoso, o etarismo é descrito como o delito de discriminar a pessoa idosa, ou seja, o preconceito relacionado à idade é considerado crime. A pena prevista é de seis meses a um ano de reclusão e multa. Ainda, se a pessoa que cometer o crime for responsável pela vítima, a pena será aumentada em até um terço. Fonte: Planalto do Governo.

No entanto, mesmo diante do poder que a caneta lhe conferia, o fundador hesitou em retomar o controle. Seu medo de confrontar o filho, a falta de familiaridade com indicadores e as mudanças tecnológicas na empresa o paralisavam. O filho, por sua vez, percebeu essa fraqueza e manipulou a situação a seu favor.

Quando o fundador expressa sua intenção de me contratar para reverter a situação, seu filho transgressor, temeroso da mudança, tenta impedi-lo. Em um gesto incomum, ele visita o pai depois de meses, suplicando-lhe para não seguir adiante com a contratação. Contudo o fundador, percebendo a inusitada demonstração de temor do filho, decide avançar. Ele compreende que a ameaça é real.

O poder da caneta, no entanto, não é suficiente para despertar o fundador do profundo desânimo que o deixa inerte. O envelhecimento, o receio de desagradar ao filho e a incapacidade de se adaptar à era digital convergem para silenciá-lo ainda mais. O próximo passo é uma jornada incerta, em que a batalha pela voz perdida requer mais do que uma simples assinatura, exigindo coragem e resiliência para retomar o controle e a legitimidade que lhe pertencem por direito.

O envelhecimento se torna o cerne da COMPLEXIDADE que envolve o fundador e sua transição para uma fase "inativa". Essa mudança de dinâmica, diretamente ligada à modernidade, revela a dificuldade do fundador em se manter atualizado. O analfabetismo digital que se instala com o tempo é um fator crucial na perda da voz que sempre foi tão distintiva.

Ebenezer Takuno de Menezes refere-se ao termo como uma incapacidade em "ler" o mundo digital e mexer com a tecnologia moderna, principalmente com relação ao domínio dos conteúdos da informática como planilhas, internet, editor de texto, desenho de páginas web etc. A causa do analfabetismo tecnológico é associada à "exclusão digital", denunciada em todo o mundo como a forma mais moderna de violência e modalidade sutil de manutenção e ampliação das desigualdades.[5]

Em minhas tentativas de treinar fundadores para utilizar ferramentas modernas, comumente esbarro em uma resistência palpável. Eles não querem aprender, e o abismo entre a facilidade com que as gerações mais jovens absorvem conhecimento tecnológico e a relutância dos fundadores é evidente. O OLHAR DO SENSO COMUM diz que os mais velhos não aprendem a tecnologia e que sempre dependem de filhos e netos para isso, e só piora, porque deixa a resistência com cara de fatalidade: "Não posso, e por isso não quero aprender". E mais, o OLHAR DA FAMÍLIA, de forma sutil e subliminar, aponta que a terceira idade é obsoleta e precisa ser contida ou guardada para não atrapalhar. Esse descompasso não só gera problemas práticos, mas também abala a autoestima e gera uma sensação de dependência e anulação.

A transição do papel ativo para a figura meramente institucional é dolorosa. O fundador, que sempre ditou as regras, torna-se uma estátua, um CNPJ, observando seus filhos assumirem os papéis de acionistas, gestores e tomadores de decisão. A independência econômica dos filhos, outrora determinada pelo patriarca, agora é guiada pelas escolhas de cada um(a). O fundador, no entanto,

---

5   EDUCA BRASIL. Analfabetismo tecnológico. Disponível em: https://educabrasil.com.br/analfabetismo-tecnologico. Acessado em: 3 fev. 2024.

sente o peso do que considera uma perda de poder, e, por vezes, confunde a ausência de poder com falta de reconhecimento.

A relação hierárquica, que outrora era funcional e econômica, agora se desloca. Os filhos, libertos das decisões paternas, adquirem uma independência que é, ao mesmo tempo, uma conquista e uma ferida para o fundador. O que antes era um pedido de bênção para administrar os negócios, agora é uma autonomia que o patriarca vê como uma perda dolorosa.

O SENSO COMUM, muitas vezes iludido pela imagem de fundadores inabaláveis, confronta a realidade. A progressão natural do filho, que se desenvolve e faz crescer a empresa, é um orgulho e uma angústia para o fundador, um sentimento paradoxal. A evolução é perceptível, mas a falta de reconhecimento, somada à inversão de papéis econômicos e hierárquicos, deixa o fundador silenciado diante do progresso.

Nesse estágio, as dores e dilemas que surgem no envelhecimento do fundador se tornam a trama principal, explorando a COMPLEXIDADE de uma transição que vai além do aspecto empresarial e se aprofunda nos meandros emocionais de uma vida dedicada à construção de legados.

O DESAFIO dos fundadores não reside apenas na capacidade de crescer e iniciar novos empreendimentos, mas na difícil tarefa de aceitar a inevitabilidade de parar, de se retirar da linha de frente. O momento em que passam o bastão é crucial, e muitos fundadores, ao perceberem a perda de seu poder, acabam em um silêncio angustiante, às vezes até mesmo mergulhando na depressão. Mas que bom que, na maioria dos desafios, logo atrás vem uma SOLUÇÃO vestida de esperança.

> A solução para resgatar a voz dos fundadores de famílias empresárias é guiá-los para um novo lugar, uma posição segura em que eles possam continuar a sentir que têm controle e influência.

Isso implica criar um ambiente estruturado de prestação de contas, em que os filhos apresentem indicadores e resultados ao fundador de maneira personalizada, na linguagem que ele compreenda. Este é o local sagrado da voz, onde o fundador é o único presidente da empresa, e seu nome é mantido como tal.

Instituir um conselho consultivo ou de administração, uma reunião mensal em que os filhos prestem contas e o fundador apresente suas ideias, é essencial. Esse é o momento em que ele se torna novamente o detentor da voz, e todos buscam seu aval. A palavra "presidente" é reservada a ele, enquanto qualquer outro cargo executivo tem uma designação diferente. Esse ambiente seguro, em que a história e a experiência do fundador são respeitadas, evita que o silêncio e a inatividade se transformem em doenças.

O trabalho e o OLHAR DO NEGOCIADOR são vitais nesse processo. Ela desempenha o papel crucial de devolver a voz ao fundador e persuadir os filhos a acolhê-lo de volta. Uma dupla tarefa é necessária: os filhos precisam reconhecer e valorizar a contribuição do pai, enquanto o fundador deve ser encorajado a retomar um papel ativo no negócio sem deixar de valorizar e reconhecer a importância dos filhos na empresa. Quando entro nesse cenário, destaco como a ausência do patriarca é prejudicial ao negócio. Os filhos, muitas vezes inconscientes do silêncio que impõem ao patriarca, são orientados a criar um ambiente onde ele possa expressar suas opiniões. Reuniões estruturadas são seguidas por momentos mais descontraídos, fortalecendo o elo familiar.

Simultaneamente, trabalho com o fundador que está se sentindo à deriva e sem propósito. Juntos, identificamos atividades significativas para ele, explorando seus interesses e paixões. À medida que ele se engaja nessas atividades, gradualmente recupera a sensação de utilidade e importância.

> O ressurgimento do fundador – da sombra do silêncio e da inatividade – é um processo que acontece suavemente, mas é essencial para o bem-estar emocional e o sucesso contínuo da família empresária.

Nos casos mais sensíveis, a delicadeza e a empatia se transformam em ferramentas importantíssimas para compreender o que está de fato acontecendo no seio das famílias empresárias. O silêncio do fundador, seja inconsciente, pela dedicação exacerbada dos filhos ao crescimento do negócio, ou provocado por um transgressor que busca manter o controle, demanda uma análise cuidadosa e uma abordagem sensível.

Ao explorar cada uma dessas situações complexas, é possível identificar que a grande maioria dos casos envolve filhos que buscam veementemente expandir o negócio, muitas vezes sem perceber que o patriarca está se calando, ficando para trás. Entretanto há também casos mais delicados, em que irmãos, não diretamente envolvidos no negócio ou enfraquecidos dentro dele, também sofrem com a perda da voz.

O receio do transgressor é evidente, pois dar voz ao fundador é interpretado como uma diminuição de seu próprio poder.

Devolver a voz ao fundador se revela como um benefício abrangente para todos os envolvidos. A empresa, ao recuperar a visão única e visionária do fundador, experimenta um ganho significativo. Os filhos, por sua vez, desfrutam de uma convivência mais qualitativa, tanto no âmbito empresarial quanto no familiar. O pai, ao se sentir mais ativo e ouvido, contribui de maneira mais proativa e feliz tanto para a empresa quanto para os próprios filhos, ou seja, é um ganho sistêmico. Em casa, a qualidade de relacionamento melhora, proporcionando momentos de convivência que muitas vezes são negligenciados na correria do dia a dia. Em um cenário em que não há filhos transgressores, todos são beneficiados, contribuindo para a construção de uma família mais unida, harmoniosa e, como consequência, bem-sucedida nos negócios.

É o eco de vozes que se harmonizam, construindo um legado duradouro e significativo.

---- BOAS PALAVRAS ----

Consonância

Em um mundo repleto de dualidades, em que as sombras dançam com a luz, emerge a reflexão sobre a consonância, ou a sua ausência, entre os diversos elementos que compõem a existência humana.

John Ronald Reuel Tolkien, escritor e mestre da fantasia, analisa as profundezas desse universo caído, apontando para a desarmonia inseparável entre corpos, mentes e almas. Sua visão se mostra como um resultado melancólico que permeia a condição humana. Em sua perspectiva, somos habitantes de um plano onde a concordância entre os elementos que nos constituem é efêmera, e a busca por tal consonância se torna uma jornada constante.

Contrastando com a visão de Tolkien, surge a voz de Francesco Alberoni, que, como um filósofo da vida, enxerga a existência como uma sinfonia composta por múltiplos renascimentos e infâncias. Para Alberoni, a vida não é uma estrada linear, mas, sim, um labirinto de ciclos, cada um marcado por renovação e aprendizado. Aqui, a consonância não é uma busca por uma harmonia original perdida, mas uma jornada constante de autotransformação, uma sinfonia polifônica que se desdobra em múltiplas fases.

Nesse diálogo entre Tolkien e Alberoni, surge uma reflexão profunda sobre a natureza fragmentada e em constante evolução da experiência humana. Enquanto Tolkien sugere a presença de uma desarmonia intrínseca, Alberoni celebra a beleza da vida como um contínuo processo de renascimento e crescimento.

Assim, a consonância, talvez, não seja um estado fixo a ser atingido, mas uma relação dinâmica que se desenrola através dos múltiplos movimentos da existência.

A NEGOCIADORA

CAPÍTULO 7

O PERFIL

Quem é a negociadora de famílias empresárias
que trabalha com casos complexos?

Dizem que o mundo se tornou complexo demais para respostas simples. Estão errados.
RONALD REAGAN

Definir quem sou como negociadora não é uma tarefa simples, pois só recentemente me percebi nesse patamar, embora tenha exercido o papel de negociadora desde muito cedo. Ao longo da vida, negociei sem sequer reconhecer essas interações como negociações, de fato. Antes, eu via a negociação como algo associado a transações comerciais, a produtos e valores.

No início, eu me enxergava apenas como uma consultora, alguém que aplicava metodologias e depois se retirava da organização, permitindo que os clientes seguissem por conta própria. Essa era a minha visão inicial de consultoria: um processo metodológico transferível. Contudo, quando entrei no mundo da governança familiar, percebi que meu papel era muito mais complexo do que o de uma simples consultora. Envolvia intervenções profundas e, não raramente, íntimas nas dinâmicas familiares. Não podia mais me contentar em simplesmente apresentar uma metodologia. Precisava negociar, persuadir e, muitas vezes, intervir nas relações familiares, especialmente quando os desafios eram transgeracionais e profundamente enraizados.

A minha jornada como negociadora não se resumia à mediação. Não era apenas sobre sentar e traduzir as palavras entre duas partes em conflito; envolvia a compreensão de questões psicológicas, emocionais e até jurídicas, mesmo sem ser uma psicóloga e/ou advogada. Eu precisava navegar por questões organizacionais, reestruturar organogramas empresariais e tomar decisões cruciais no calor das negociações.

Ao mergulhar na minha identidade como negociadora, abordarei as complexidades que vão além das aparências, revelando não apenas o que faço, mas quem sou. À medida que exploramos os detalhes dessa jornada, você entenderá que ser uma negociadora de famílias empresárias é muito mais do que uma profissão que exige habilidades técnicas; é uma vocação que exige uma compreensão profunda das complexidades humanas e empresariais.

Ser teia

Negociação e mediação, dois termos aparentemente intercambiáveis, mas com diferenças profundas que permeiam meu trabalho como negociadora de famílias empresárias. Quando se trata de mediação, visualize um cenário: dois irmãos em conflito, ambos desejando porcentagens diferentes em um acordo. O mediador entra, tornando-se a terceira parte, orientando a discussão, sugerindo concessões e buscando um terreno comum. É um processo de intervenção, mas é apenas a superfície do trabalho que realizo.

Enquanto a mediação tem uma terceira parte presente, o negociador vai além. Sim, sou essa terceira pessoa, mas meu papel transcende o ambiente da mediação. Antes do processo, converso individualmente com cada parte envolvida. Após, continuo a interagir, às vezes com outras pessoas, para trazer perspectivas adicionais. Penetro as camadas mais profundas do conflito, considerando os envolvidos diretamente e as repercussões em terceiros, nos negócios e nos relacionamentos conjugais.

A negociação que faço é sistêmica e complexa. Vai além de entender as partes, analisa as interconexões entre elas. Olho não somente para o presente, mas também para o passado que moldou essas dinâmicas familiares. Mergulho nas complexidades jurídicas, emocionais e interpessoais, levando em consideração não o que é dito, mas também o que está implícito nas entrelinhas. Michel Foucault disse: "O novo não está naquilo que é dito, mas no acontecimento do seu retorno", o não dito faz parte da mensagem que não é palavra e constitui o que precisa ser descoberto.

Em muitas ocasiões, eu me encontro diante de um abismo. É como se as partes estivessem em uma extremidade e o entendimento mútuo estivesse na outra, com um abismo intransponível entre eles. O meu trabalho é construir a ponte que liga essas duas extremidades, que não está pronta para ser atravessada. Ela precisa ser construída durante a jornada, pedaço por pedaço, enquanto atravessamos juntos.

Essa construção é desafiadora. Em alguns momentos, parece que vamos cair no abismo, mas nos seguramos, apoiamo-nos mutuamente, e continuamos construindo. Atravessamos juntos, enfrentando os tropeços e celebrando os avanços. Não é apenas um ato de negociação; é uma jornada conjunta por uma ponte que une passado, presente e futuro em busca de entendimento e resolução.

> O trabalho profundo e multifacetado de uma negociadora de famílias empresárias requer o domínio de ferramentas e estratégias para guiar as partes envolvidas em direção a uma teia de resoluções.

No mundo da negociação, cada detalhe importa, e cada decisão molda o caminho para a harmonia familiar e o sucesso empresarial.

Ser integrativa

Minha trajetória profissional é um mosaico de desafios, preconceitos superados e inovações audaciosas que começou nos corredores da faculdade de serviço social. Ainda na adolescência, um sonho de poder e sofisticação nasceu em meio a dúvidas e inseguranças. Não queria apenas ser uma assistente social, eu aspirava a algo mais, algo que transcendesse as limitações percebidas da minha profissão. Foi quando descobri o serviço social organizacional e vi a oportunidade de ingressar na área de recursos humanos.

Determinada a conquistar meu lugar, batalhei para conseguir um estágio na Companhia Energética do Ceará (COELCE), uma experiência que prometia ser minha porta de entrada para o mundo pelo qual ansiava. Contudo o destino teve outros planos, e a privatização da empresa me deixou de mãos vazias. Foi um golpe doloroso, mas também um ponto de inflexão.

Mais tarde, a maternidade trouxe novos desafios e um período de afastamento do mercado de trabalho. Durante esses anos, transformei a adversidade em oportunidade, aprimorando minha educação e minhas habilidades. O retorno ao mercado de trabalho foi marcado pela perseverança e pela busca constante de aprendizado. Cada pequeno passo era uma peça no quebra-cabeça que eu estava construindo para o meu futuro.

Minha carreira na consultoria começou de maneira modesta, mas minha ambição era ilimitada. Investi em mim mesma quando outros duvidavam, criando métodos inovadores e estratégias que iam além do convencional. Aprendi a importância de não apenas fazer, mas fazer de modo excepcional, mesmo nas tarefas aparentemente insignificantes. Essa mentalidade me levou a criar oportunidades repentinas, mostrando que cada esforço extra poderia abrir portas inimagináveis.

O mundo da consultoria me apresentou ao desafio constante de ser diferente, de oferecer algo único. Em um cenário onde todos faziam do mesmo, redefini meu papel, construindo um grande diferencial, destacando-me em um mercado saturado. Em vez de seguir a multidão, busquei áreas inexploradas, como a gerontologia, a neurociência aplicada aos negócios e até mesmo a arteterapia.

Minha jornada foi além dos limites tradicionais da minha profissão, abraçando conhecimentos variados e aparentemente desconexos. Eu me tornei integrativa. Explorei áreas como direito empresarial, psicologia, gestão e facilitação em escrita terapêutica, encontrando maneiras de integrar esses conhecimentos para uma visão mais holística.

A inovação não apenas moldou minha abordagem, mas também criou uma vantagem competitiva valiosa. Ao enxergar o que os outros estavam ignorando, mergulhei em territórios desconhecidos, encontrando inspiração em lugares inusitados.

Edgar Morin, quando apresenta o pensamento complexo, refere-se à capacidade humana de pensar, buscar e integrar conhecimentos em várias dimensões, para serem aplicados de forma necessária e integrada, deixando de lado o conforto do reducionismo.

> Minha busca incessante por conhecimento e minha capacidade de aplicá-lo de maneiras inovadoras se tornaram a base da minha identidade como negociadora.

Essa diversidade e integração de conhecimentos se traduziu em práticas eficazes de negociação. Todas essas experiências moldaram minha visão, capacitando-me a guiar famílias empresárias através dos desafios complexos que enfrentam. Foi assim que compreendi o mundo da negociação, onde a inovação e a perseverança se entrelaçam para criar resultados extraordinários.

Ser produção e produto

A complexidade é um enigma que, longe de invalidar, enriquece nossa compreensão. Na busca por desvendar as negociações complexas, mergulhei fundo na teoria da autopoiese. Poiesis é um termo grego que significa produção. Autopoiesis significa autoprodução. Esse conceito surgiu nos anos 1970 em um artigo publicado por Varela, Maturana e Uribe para definir os seres vivos como sistemas que produzem a si mesmos de modo incessante.[6] Em um contexto

---

[6] Antônio Sales Rios Neto. Maturana: sem cooperação e alteridade não há futuro. Publicado em: 07/05/2021. Atualizado em: 25/12/2021. Disponível em: https://outraspalavras.net/crise-civilizatoria/maturana-sem-cooperacao-e-alteridade-nao-ha-futuro/. Acessado em: 29 abr. 2024.

de negociações familiares e organizacionais, essa ideia ganha vida, destacando a capacidade dos sistemas de se autoproduzirem. Nesse ambiente, negociador e famílias são, ao mesmo tempo, produtoras e produzidas. Ambos se tornam sujeitos, interligados e responsáveis na construção de um novo olhar para uma nova forma de interação.

Baseada na filosofia da autopoiese, a negociadora de casos complexos é mais do que uma solucionadora de problemas; ela é uma **observadora habilidosa**, capaz de avaliar conflitos de forma sistêmica e complexa. Seu papel vai além da resolução – ela é uma **analista**, decifrando as dinâmicas autopoiéticas de sistemas decisórios. Quando eu escrevo aqui que estamos atravessando a ponte juntos, refiro-me a uma autopoiese em ação, em que o processo de negociação é um organismo vivo, sempre evoluindo, adaptando-se e recriando-se constantemente.

A teoria da autopoiese também destaca uma realidade incontestável: nem todos os perfis são iguais, nem de negociadores, nem de famílias empresárias. Enquanto algumas metodologias são replicáveis e encontramos perfis facilmente adaptáveis, outras trazem consigo a dificuldade em encontrar o facilitador com o perfil adequado. Encontrar um perfil que inclui o **olhar complexo, a flexibilidade** e **a capacidade de lidar com situações diversas** não é fácil, pois estas não são habilidades comuns.

Encontrar indivíduos com esse perfil é uma tarefa árdua, e é uma barreira comum que enfrentamos. Muitas vezes, colegas de outras regiões expressam sua frustração ao tentar encontrar parceiros de trabalho, pois se deparam com a escassez de profissionais verdadeiramente dotados da mentalidade complexa.

Uma das minhas peculiaridades é minha relutância em copiar ou imitar outros. Não é uma questão de arrogância, mas uma escolha consciente. Eu não me preocupo com a concorrência, pois acredito que minha abordagem é única. Quando vejo outros tentando copiar o que faço, enxergo como um elogio, pois sei que minha singularidade faz parte de minha digital e, portanto, é inimitável. E, assim como me vejo, noto também cada família empresária que chega até mim como única e singular.

Por isso, cada estratégia e abordagem é como uma peça única de um enigma inusitado e personalizado que só o negociador pode montar, graças ao seu olhar complexo.

Ao observar a negociação complexa a partir da lente da autopoiese, entendemos que nem todos os facilitadores são iguais, e a raridade de encontrar um perfil complexo é uma realidade a partir da qual os negociadores podem aproveitar para alçar voo nesse mercado.

Ser ágil e manter a qualidade

O negociador de casos complexos não conhece a palavra estagnação. Ele é dinâmico, um ser em movimento constante, porque a dinâmica da complexidade exige tal agilidade. Possui um olhar livre de preconceitos que possam limitar suas escolhas. A verdadeira maestria reside na repetição, na prática incansável, na habilidade de superar seus próprios limites.

A história do nadador americano Michael Phelps sempre me toca profundamente e serve de inspiração. O maior medalhista olímpico de todos os tempos não se preocupa com os outros nadadores ao seu redor. Seu foco está em superar seu próprio recorde, em se superar constantemente. Assim como Phelps, minha jornada é marcada por essa busca incessante pela perfeição, não em relação aos outros, mas em relação a mim mesma.

Há em mim um desafio persistente: minha marca precisa não somente se destacar, mas ser vivenciada com qualidade. Para esse tipo de trabalho, uma marca forte é crucial? Sim, porém é frustrante ver pessoas escolhendo marcas hiperconhecidas, mas que não entregam o que prometem. Muitas vezes, famílias buscam marcas estabelecidas e, ao falharem, acabam recorrendo a mim como última esperança. Tempo e dinheiro são perdidos nesse processo, uma vez que escolhem a marca em vez da qualidade real do serviço. Ser ágil, dinâmica e manter a qualidade é inegociável.

O DNA do negociador

O DNA do negociador é um tapete persa de fino acabamento, complexo em habilidades, intuição e experiência. Além do **repertório** adquirido e da **astúcia** necessária para navegar no mundo da negociação complexa, há um atributo que transcende todas as técnicas e estratégias: a **percepção aguçada.**

No cerne de um negociador de casos complexos, está a capacidade única de observar e compreender não apenas os sistemas e estruturas ao seu redor, mas também as pessoas que habitam esses espaços.

Existe uma percepção peculiar que carrego comigo desde sempre, como se eu tivesse nascido para ser uma negociadora. Apesar dessa ideia implicar que não há esforço envolvido no processo, na verdade, minha vida tem sido uma missão, uma vocação inata para a negociação. Desde criança, eu era a mediadora nas disputas familiares. Cresci sendo uma negociadora empírica; negociava até mesmo no colégio.

Essa percepção, essa habilidade de discernir as motivações ocultas, os traços de caráter e as intenções das pessoas, é onde reside um poder raramente encontrado. Lembro-me de uma situação que marcou a minha memória. Em uma reunião social, conheci um diretor de determinada empresa que encantou a todos com sua simpatia, exceto a mim. Intuitivamente, senti que algo estava errado, algo que não podia ser visto na superfície.

Minha intuição se provou certa quando, mais tarde, esse diretor traiu o sócio, ameaçando sua posição no trabalho. Muitos me interpretaram mal, rotulando-me como julgadora. Porém eu estava apenas lendo os sinais que os outros não viam.

> Negociar não é apenas uma habilidade que adquiri;
> é uma parte do meu DNA que se aliou
> à prática incansável.

Essa habilidade não é apenas minha; é compartilhada por minha filha, uma jovem ainda mais perspicaz. Sua habilidade de perceber as verdadeiras intenções das pessoas ultrapassa a minha própria. Em uma ocasião, quando estava prestes a fazer uma parceria com um indivíduo, levei minha filha para conhecê-lo, sem dizer a ela nada sobre minha intenção. Após uma breve interação, ela rapidamente discerniu a natureza do indivíduo, alertando-me para não me envolver com ele. Sua análise precisa se mostrou verdadeira quando, eventualmente, ele abandonou nossos planos, como previsto por ela.

A percepção em alguns não é uma habilidade treinável; é um dom nato, em nosso caso, uma parte fundamental de quem somos. Acredito que nasci com esse presente, e minha filha herdou esse dom. Não é apenas uma questão de observação; é como se fosse uma sabedoria ancestral incorporada em nossos seres. Algumas vezes, olhando para trás, sinto que essa habilidade tem raízes em vidas passadas, em experiências que transcendem esta existência. Uma sabedoria que transcende a vida, um talento singular de perceber além do óbvio.

Essa capacidade, essa intuição intrínseca, é um aspecto vital de quem sou como negociadora de casos complexos. É um presente e uma responsabilidade, uma ferramenta poderosa que molda minhas decisões e orienta meu caminho na negociação. Porém pode se tornar uma habilidade, a partir de cada pessoa que pretende trilhar o caminho de se tornar negociador ou negociadora, mas isso exige preparo, que é o assunto do próximo capítulo.

—————— BOAS PALAVRAS ——————

Encontro

No vasto balé da vida, o encontro é o momento mágico em que duas almas se aproximam, como substâncias químicas que se misturam em um experimento cósmico.

De tudo, ficaram três coisas: a certeza de que ele estava sempre começando, a certeza de que era preciso continuar e a certeza de que seria interrompido antes de terminar. Fazer da interrupção, um caminho novo. Fazer da queda, um passo de dança; do medo, uma escada; do sono, uma ponte; da procura, um encontro, como sabiamente disse Fernando Sabino.

Cada encontro é um novo começo, uma oportunidade de mergulhar em territórios inexplorados da experiência humana. É nesse novo começo que encontramos a esperança, a promessa de descobertas e aprendizados que só são possíveis quando nos permitimos iniciar novamente.

Em contrapartida, o encontro também traz consigo a certeza inevitável de que será interrompido antes de atingir seu ápice. Reafirmando Fernando Sabino: "Fazer da interrupção um caminho novo" é a chave para transformar esse inevitável fim em algo mais. Cada despedida, por mais dolorosa que seja, nos leva a novos horizontes, desafiando-nos a reimaginar quem somos e o que podemos nos tornar.

O encontro é uma reação química, uma fusão de energias e essências que resulta em uma metamorfose profunda para ambos os participantes. "O encontro de duas personalidades se assemelha ao contato de duas substâncias químicas: se alguma reação ocorre, ambos sofrem uma transformação", como sabiamente observou Carl Jung. Medos se transformam em escadas para superação, quedas se tornam passos de dança graciosos, e a procura incessante se converte em um encontro significativo consigo mesmo e com o outro.

Nesse baile cósmico de encontros, aprendemos que as interrupções não são o fim, mas, sim, uma oportunidade para criar caminhos novos e inexplorados. Cada transformação, por menor que seja, é uma vitória sobre a estagnação, um testemunho do poder do encontro para nos fazer evoluir, crescer e amadurecer.

Assim, celebramos o encontro como um convite para nos reinventarmos, para dançarmos com as incertezas e abraçarmos as transformações que surgem em nosso caminho. É através desses encontros que descobrimos nossa verdadeira essência, nossa força interior e a capacidade infinita de nos reinventarmos a cada novo passo de dança no espetáculo da vida.

CAPÍTULO 8

A INTERVENÇÃO

Qual o preparo e a intervenção da negociadora em situações complexas e desafiadoras nas famílias empresárias?

O maior benefício do treinamento não vem de se aprender algo novo, mas de se fazer melhor aquilo que já fazemos bem.

PETER DRUCKER

No universo das negociações familiares empresariais, é essencial para a preparação do negociador compreender os diferentes graus de complexidade que podem surgir em seu caminho. A complexidade varia bastante e cada nível apresenta desafios únicos, demandando estratégias específicas de resolução.

Ao explorar os quatro graus de complexidade – baixa, média, alta e ultra – examinaremos como um negociador experiente se prepara para lidar com cada situação.

Graus de complexidade

Baixa complexidade: harmonia preventiva ⌄

Famílias empresárias de baixa complexidade frequentemente buscam a intervenção de um negociador para fins de prevenção e organização. Este é o território das famílias que desejam garantir que suas gerações futuras herdem uma estrutura empresarial sólida e bem-organizada. São casos em que todos os membros da família se dão bem e desejam apenas estabelecer clareza e ordem no seio dos negócios familiares. Um exemplo clássico é quando a família decide formalizar regras e responsabilidades para evitar futuros desentendimentos. Além disso, é fundamental, nesse grau de complexidade, saber lidar com resistências nas famílias, em que os envolvidos podem subestimar a necessidade de intervenção.

Média complexidade: ameaças e tensões emergentes ›

Nos casos de média complexidade, a negociação é necessária em razão de conflitos emergentes e tensões dentro da família empresária. Essas situações se caracterizam por desentendimentos incipientes, discussões acaloradas ou disputas sobre o controle dos negócios familiares. O negociador entra em cena para acalmar as águas, definir fronteiras e dissipar mal-entendidos antes que evoluam para rupturas irreparáveis. É um território delicado, no qual uma intervenção precisa e oportuna pode evitar a escalada do conflito.

Alta complexidade: rupturas iminentes e mediações cruciais ∧

Quando a família empresária atinge o nível de alta complexidade, a intervenção do negociador é vital para evitar rupturas irreversíveis. Nesse estágio, os membros da família podem estar à beira de rompimentos definitivos nos negócios e nos relacionamentos familiares. O negociador assume um papel fundamental, mediando entre partes que não se comunicam mais, ajudando a entender as expectativas de cada um e determinando quando é apropriado reunir os membros em negociações conjuntas ou mantê-los separados para evitar confrontos diretos.

O ápice da Ultra Complexidade: rupturas e silêncios ✗

Nos casos de ultra complexidade, o que enfrentamos é a total ausência de comunicação. É um terreno em que irmãos, outrora unidos pelo sangue, mal conseguem olhar-se nos olhos. O silêncio é ensurdecedor, permeado por mágoas profundas e amarguras inexprimíveis. É um estado de isolamento emocional, em que um irmão deseja ardentemente expulsar o outro, enquanto o outro se agarra ao que resta da família. Este é o ápice da complexidade.

Alta e ultra complexidade

Vamos aprofundar os graus mais desafiadores da complexidade para melhor compreensão.

A ultra complexidade alcança sua forma mais extrema quando não há apenas silêncio, mas um rompimento oficial quando um irmão procura um advogado para desenredar laços já fragilizados. São histórias de irmãos que já foram muito próximos um dia, mas que agora brigam como inimigos mortais.

A tarefa de um negociador em famílias de máxima complexidade é monumental. A reabilitação das relações já destruídas requer uma abordagem meticulosa, empática e altamente especializada.

> Preparar-se para negociar em casos de famílias empresárias requer uma compreensão profunda das dinâmicas familiares e empresariais.
> O negociador deve desenvolver habilidades para avaliar rapidamente o grau de complexidade de cada situação e adaptar suas estratégias.

Reconstruir laços é uma jornada pelo abismo da ruptura familiar e empresarial. Ao adentrar no território complexo e sensível das negociações familiares e empresariais de grau ultra, é comum encontrar linhas de comunicação despedaçadas e ressentimento transformado em um silêncio gelado. Diante desse cenário, o trabalho do negociador se torna uma verdadeira odisseia.

Vivenciei um caso arrebatador com uma família na qual os irmãos chegaram ao ponto de quase se agredirem fisicamente. Um se isolou por completo, recusando-se até mesmo a participar de eventos familiares e sociais compartilhados. Eles romperam suas relações, mas a estratégia utilizada para solucionar a situação foi tão ousada quanto inovadora.

Antes mesmo de reunir os irmãos, foi necessário prepará-los individualmente durante meses. Criei então uma dinâmica inusitada: pedi que eles comprassem presentes para cada irmão, algo que representasse momentos felizes compartilhados. Essa atividade simples foi um divisor de águas.

O momento da reunião foi tenso, repleto de apreensão. No entanto os presentes foram cuidadosamente escolhidos, abriram uma porta para as memórias afetivas compartilhadas. Um dos irmãos trouxe uma maquete de um grande prédio para o irmão mais velho, que era aficionado por arquitetura e costumava ensiná-lo a construir. A lembrança da infância no quintal de casa, onde montavam as casas de papel, desarmou as barreiras. O outro irmão escolheu um jogo de tabuleiro para simbolizar o tempo que brincavam juntos. Memórias de felicidade emergiram e o silêncio começou a se dissipar de modo natural.

A partir deste primeiro passo delicado, continuei a guiar a família. Lentamente, um grupo de mensagens foi formado para comunicação, inicialmente monitorado de perto. Gradualmente, o gelo derreteu, e as conversas se tornaram mais naturais. Eventualmente, até mesmo questões relativas à provável venda da empresa foram negociadas, com um desfecho menos traumático e mais alinhado.

> A maestria de resgatar relacionamentos é a principal qualidade de um negociador para guiar uma família empresária através do abismo da ruptura.

Encontrar pontos comuns e reacender memórias afetivas não é apenas uma técnica, mas um meio genuíno de cura. Através de tantos casos como esse, aprendi que, mesmo no meio das trevas, a luz da reconciliação pode brilhar, trazendo de volta o calor das relações perdidas.

A possibilidade do perdão

No mundo das negociações familiares, há momentos em que as palavras não ditas carregam um peso imenso. Mágoas profundas e ressentimentos, muitas vezes originados de eventos pessoais, podem agitar as águas aparentemente calmas dos negócios familiares. Ao mergulhar na jornada emocional de perdão e reconciliação, as palavras se tornam pontes sobre o abismo do silêncio.

As rupturas familiares nos negócios, com frequência, têm raízes em feridas pessoais. Mágoas aparentemente triviais podem ser carregadas de significado e inflamar o ressentimento. São nesses pequenos episódios não resolvidos que se escondem as sementes da discórdia, prontas para desencadear conflitos explosivos nos negócios familiares.

Após a vivência simbólica dos presentes, descobri que havia uma mágoa antiga entre os irmãos daquela família. Para enfrentar esse silêncio carregado de emoções, criei uma outra vivência especial. Cada membro da família escreveu uma carta de perdão endereçada a outro membro. O ato de escrever permitiu que as emoções fluíssem de forma controlada e articulada, enquanto a palavra escrita garantia que nada fosse dito inadvertidamente.

Em um encontro realizado no dia seguinte, as cartas foram distribuídas e lidas em um processo individual. O impacto emocional foi palpável quando o irmão ferido há anos leu a carta daquele que o magoou. No papel, o pedido de desculpas era um símbolo tangível do ato de arrependimento. O perdão foi solicitado, e a carta foi mantida como um testemunho desse desejo de reaproximação.

As cartas de perdão não eram apenas palavras no papel; eram as fundações de uma nova compreensão. Ao reconhecer e perdoar, a família deu um passo importante rumo à reconciliação. Abordar as feridas pessoais para curar as fissuras nos negócios familiares é um processo de extrema importância.

> O poder das palavras, quando usadas com cuidado e sinceridade, pode construir pontes sólidas sobre os abismos emocionais, restaurando os laços familiares e a saúde das relações empresariais.

O diagnóstico

Para desvendar as complexidades familiares, o negociador tem que dominar a arte do DIAGNÓSTICO, pois essa é a principal etapa da preparação do profissional.

O caminho para a reconciliação começa com a clareza, mas, em muitos casos, a verdade está enterrada sob camadas de aparências e palavras não ditas. Por essa razão, desvendar a complexidade das dinâmicas familiares é um grande desafio que exige do negociador a utilização de métodos cuidadosos para sondar as raízes ocultas.

As famílias frequentemente se apresentam com sorrisos e afirmações de harmonia, mascarando ressentimentos e desconfianças profundas. Para desvendar a verdade, desenvolvi, ao longo da minha carreira, um processo de diagnóstico meticuloso. Em entrevistas individuais e pesquisas internas, consigo escavar a superfície das relações, expondo as tensões que se escondem sob a fachada de unidade.

As palavras nem sempre revelam a verdade completa. Ao observar as sutilezas da linguagem não verbal, identifico tensões não expressas. Gestos, olhares e posturas me permitem entender o que os membros da família não dizem abertamente.

A COLETA DE DADOS para esse diagnóstico não é uma tarefa simples. Além dos membros da família, realizo também **entrevistas individuais** com funcionários mais próximos, como executivos, motoristas e secretárias. Em um segundo momento, realizo uma **pesquisa interna** que geralmente revela percepções e sentimentos que os membros da família relutam em compartilhar verbalmente.

O tempo desempenha um papel crucial nesse processo de diagnóstico, que costuma ser concluído no prazo de quinze dias ou até um mês se o caso for mais complexo. Durante esse período, as camadas externas são descascadas cuidadosamente, revelando verdades muitas vezes desconfortáveis. A pressa do negociador pode comprometer a sua precisão, enquanto a paciência permite uma compreensão profunda e autêntica das dinâmicas familiares.

Ao descobrir as verdades enterradas, costumo enfrentar o desafio de CRIAR UM ESPAÇO SEGURO para que as discussões reprimidas possam emergir. Dessa forma, o trabalho do negociador está em permitir que as tensões venham à tona organicamente, sem provocação direta, para que as feridas possam ser curadas.

> O delicado equilíbrio entre paciência, observação perspicaz e habilidade interventiva é essencial para trazer à tona as verdades subjacentes e iniciar o processo de cura em famílias dilaceradas pelo silêncio ou pela aparência enganosa da harmonia.

Entre a verdade e a harmonia

O negociador é uma figura muitas vezes incompreendida pelos membros da família que enfrentam conflitos. Sua posição peculiar, entre a defesa da verdade e a preservação da harmonia, desafia as concepções convencionais de lealdade e parcialidade.

Para a maioria das pessoas, é difícil entender como o negociador pode estar do lado de cada parte em momentos diferentes. A confusão surge quando ele se posiciona a favor da harmonia familiar e não de indivíduos específicos. A família não entende! O negociador não é um advogado tradicional, mas, sim, um advogado da paz, que navega pelas águas turbulentas dos relacionamentos familiares em busca de reconciliação e entendimento.

A capacidade de o negociador dar voz a todos os membros da família, com frequência, é mal interpretada como favorecimento para os mais fracos. Na realidade, sua missão é proporcionar uma plataforma na qual as vozes silenciadas possam ser ouvidas. Ele não defende os fracos; simplesmente permite que aqueles que nunca tiveram a chance de falar finalmente se expressem.

Manter um equilíbrio delicado entre proteger os vulneráveis e preservar a verdade é um desafio constante. O negociador defende a harmonia, mas não a custo de prejudicar a autenticidade. Ele é guiado por um princípio fundamental: PERMITIR QUE A VERDADE VENHA À TONA, mesmo que isso signifique confrontar os membros da família.

> A negociação não é apenas sobre resolver disputas; é sobre empoderar os indivíduos a encontrar suas próprias vozes. Ao criar um espaço no qual cada pessoa pode expressar suas verdades, o negociador possibilita uma cura genuína e duradoura.

O complexo papel do negociador é de um defensor incansável da harmonia familiar. Por trás de sua aparente imparcialidade, reside um compromisso profundo com a verdade e a justiça dentro das dinâmicas familiares complexas.

A rede de apoio

A jornada rumo à harmonia familiar é pavimentada com uma equipe cuidadosamente selecionada. O negociador, entendendo a complexidade dos conflitos familiares, TRAÇA SUAS ESTRATÉGIAS e TECE UMA REDE DE PROFISSIONAIS para apoiar e fortalecer o processo. Nos bastidores da negociação, há alguns especialistas que integram essa equipe, e suas funções são indispensáveis na criação de soluções eficazes.

O negociador não age isoladamente; ele trabalha em conjunto a uma equipe especializada. Sua habilidade reside não apenas em resolver conflitos, mas em identificar as necessidades específicas de cada família e reunir especialistas adequados. Os profissionais de base são:

1. **Mentor organizacional: o guardião do alinhamento empresarial**

   Esse especialista entra em cena para analisar a saúde financeira da empresa, examinando DRE, fluxo de caixa e processos internos. Sua presença é essencial durante as reuniões de conselho consultivo, fornecendo uma visão imparcial e estratégica para harmonizar a empresa familiar.

2. **Mentor comportamental: guiando o caminho da transformação pessoal**

   O mentor comportamental oferece suporte individualizado aos membros da família, auxiliando-os na superação de obstáculos emocionais. Seu papel é fundamental, especialmente quando a negociação começa a pressionar limites pessoais, fornecendo orientação e aconselhamento.

3. **Mentor de avaliação de carreira: reconhecendo habilidades e aptidões**

   Para avaliar as habilidades e carreiras dos membros da família, o mentor de avaliação de carreira entra em cena. Realizando testes e análises, ele fornece *insights* valiosos sobre as habilidades individuais, essenciais para a construção da carreira executiva.

Além dos especialistas internos, o negociador pode indicar profissionais específicos conforme a necessidade do momento. Terapeutas familiares podem ser importantes para curar feridas antigas, enquanto advogados e consultores financeiros e de investimento são fundamentais para auxiliar na construção jurídica e/ou financeira. Cada indicação é feita sob medida para as circunstâncias únicas da família em questão.

O papel da negociadora vai além de criar uma equipe; ele também deve adaptar esta conforme a jornada evolui. À medida que novos desafios surgem, outros especialistas são trazidos para fortalecer áreas de vulnerabilidade. Essa flexibilidade garante que a equipe permaneça na vanguarda, pronta para enfrentar qualquer desafio que a dinâmica familiar possa apresentar.

O sucesso na construção de uma família harmoniosa depende da expertise do negociador e da riqueza e diversidade dos profissionais que ele traz consigo. Cada membro da equipe desempenha um papel específico que contribui para a busca da longevidade dos negócios e da harmonia familiar.

Métricas de complexidade

Um aspecto fundamental e muitas vezes esquecido das dinâmicas familiares empresariais são as métricas de complexidade do grupo. Como uma bússola, essas métricas oferecem orientação às famílias empresárias, ajudando-as a entender e quantificar os desafios que enfrentam.

Identificação do grau de complexidade explícito e implícito: a complexidade nem sempre é óbvia; às vezes, reside nas entrelinhas das interações familiares. Classificar essa complexidade em níveis = baixo, médio, alto e ultra permite uma compreensão mais clara dos desafios.

Graus de resistência dos participantes: A resistência dos participantes de admitir uma necessidade de acompanhamento individual pode ser uma barreira significativa. Ao avaliar os níveis de resistência baixa, média, alta e ultra, é possível adaptar estratégias para superar obstáculos.

Grau de desorganização/informalidade: a falta de estrutura pode levar ao caos. Ao categorizar a desorganização/informalidade em níveis baixa, média, alta e ultra, é possível discernir áreas que precisam de intervenção em curto, médio e longo prazo.

Diagnóstico direto e indireto: compreender os vínculos familiares e organizacionais é fundamental. Diagnósticos diretos, envolvendo coleta de indicadores interpessoais e diagnósticos indiretos, utilizando pesquisas com outras pessoas envolvidas que não são da família, fornecem uma visão holística.

Identificação de ambiências facilitadoras e dificultadoras: ambientes podem moldar comportamentos. Identificar ambientes que facilitam ou dificultam negociações ajuda a criar espaços propícios para o entendimento mútuo.

Encaminhamentos para profissionais especializados: às vezes, outras áreas de especialização são necessárias. Identificar a necessidade de encaminhamentos para profissionais da área jurídica, de saúde, governança ou patrimoniais pode ser muito importante para uma solução bem-sucedida.

Para transitar entre os diferentes níveis de complexidade com sabedoria, o negociador pode encontrar nessas métricas verdadeiros faróis para as famílias empresárias em meio à sua preparação. Ao compreendê-las, poderá adotar estratégias personalizadas para alcançar a harmonia e a prosperidade através de excelentes resultados, que nada mais são do que consequências de um bom preparo do negociador e das famílias empresárias.

Finalizando este capítulo, não podemos esquecer uma grande verdade: a PREVENÇÃO é o escudo mais poderoso. Diante disso, existem algumas estratégias que as famílias empresárias podem adotar para evitar o caos que se instala quando a desorganização se torna dominante.

O erro comum cometido pelas famílias empresárias é tratar a gestão familiar de maneira informal, trazendo a mesma casualidade das dinâmicas domésticas para o negócio. Esse equívoco cria um ambiente propício para a desorganização. Casos nos quais filhos são promovidos sem méritos, baseando-se em eventos pessoais como casamentos, por exemplo, ilustram a falta de critérios claros e a necessidade urgente de regras definidas.

A meritocracia deve ser o pilar sobre o qual a família empresária se apoia. As promoções, responsabilidades e tomadas de decisão devem ser guiadas pelo mérito, não por relações pessoais.

Definir critérios claros para avanços na carreira é uma medida essencial para evitar conflitos e ressentimentos futuros dentro de uma família empresária.

O grande desafio enfrentado pelas famílias empresárias é antecipar os problemas antes que eles surjam. A desorganização infiltrada nas dinâmicas familiares muitas vezes passa despercebida até que seja tarde demais. É vital reconhecer a necessidade de estruturas organizacionais desde o início. Isso significa criar regras bem estabelecidas de entrada para a próxima geração, definindo atribuições e exigências de formação profissional.

Os fundadores, frequentemente pais autoritários e centralizadores, têm a responsabilidade de liderar a transição. Encorajar a comunicação aberta, ouvir as preocupações dos membros da família e definir claramente os limites, ou seja, abrir espaço para o diálogo transparente pode evitar desentendimentos futuros e criar uma base sólida para o crescimento da empresa.

> Estruturar a família empresária antes que a desorganização se torne um obstáculo insuperável é a melhor forma de prevenção.

A prevenção não é apenas uma ação, mas uma mentalidade que molda o presente e o futuro da empresa familiar. Ao adotar medidas preventivas, as famílias empresárias podem evitar crises e construir bases sólidas para o crescimento sustentável e a harmonia duradoura.

——————— BOAS PALAVRAS ———————

Perdão

No labirinto das relações humanas, o perdão é como uma dádiva rara e preciosa, uma ponte que conecta almas divergentes e cura feridas profundas. Duas mentes iluminadas nos guiam por esse caminho, revelando a complexidade e a beleza desse ato de transcendência – pedir perdão e concedê-lo.

Cecília Meireles, com sua poesia penetrante, nos desafia: "Se você errou, peça desculpas... É difícil pedir perdão? Mas quem disse que é fácil ser perdoado?". Aqui, somos lembrados da coragem necessária para olhar nos olhos da própria imperfeição, e para, humildemente, pedir perdão. Em um mundo que, com frequência, valoriza a autossuficiência, pedir perdão é um ato de humildade que requer uma tremenda força interior. É reconhecer nossas falhas, enfrentar nossos próprios demônios e, em seguida, buscar a reconciliação. Pedir perdão é uma jornada de vulnerabilidade, mas também de poder – um ato que rompe as correntes do orgulho e da arrogância.

Por outro lado, Mahatma Gandhi, com sua sabedoria atemporal, revela-nos o verdadeiro significado da força: "O fraco nunca perdoa. O perdão é a característica do forte". Perdoar não é uma demonstração de fraqueza; é, na verdade, um ato de resistência pacífica, uma declaração de poder emocional e espiritual. Perdoar não significa esquecer ou justificar a transgressão; é, antes de tudo, um presente que nos damos. É escolher se libertar das correntes do ressentimento e do ódio, e, assim, encontrar a paz interior. É uma jornada interior de aceitação e compaixão, um caminho que apenas os verdadeiramente corajosos podem trilhar.

Nesse cruzamento de palavras, descobrimos que o perdão é um ato de amor-próprio tanto quanto é um presente para os outros. É uma jornada que começa dentro de nós mesmos, na capacidade de nos perdoarmos e aceitarmos nossa humanidade. Quando entendemos que todos erramos, que todos somos vulneráveis, aí reside a verdadeira essência do perdão. No final, perdoar é mais do que liberar o outro; é, fundamentalmente, libertar a nós mesmos. É, de fato, um ato de coragem e força, uma luz brilhante que ilumina o caminho para a paz interior e a harmonia nas relações humanas.

CAPÍTULO 9

A ENTREGA

O que a negociadora entrega e não entrega ao fim do processo de resolução de problemas complexos nas famílias empresárias?

Se quisermos alcançar resultados nunca antes alcançados, devemos empregar métodos nunca antes testados.
Francis Bacon

Nos capítulos anteriores, exploramos o perfil e a intervenção de um negociador ao lidar com famílias empresárias, características que que considero essenciais. Agora, para costurar a colcha de retalhos das complexidades nas famílias empresárias, adentraremos o território dos resultados.

Perguntas como: que frutos brotam do trabalho minucioso de uma negociadora nessa atividade complexa? Quais resultados são possíveis? Como essa entrega de resultados varia de acordo com a complexidade da família? Essas e outras perguntas são lícitas e precisam de respostas.

É certo que cada família é um universo único, com sua própria história, dinâmica e desafios; portanto existe um alcance de resultados variáveis em meio a um alcance de resultados assertivos.

Identificar a verdadeira dor

O maior triunfo é a capacidade de a negociadora identificar a verdadeira dor. Muitas vezes, as pessoas chegam até mim com diversos tipos de sofrimento, clamando por alívio imediato. Uma dor de cabeça aparentemente comum, por exemplo, no primeiro momento parece algo prioritário a ser resolvido e, muitas vezes, é tida como foco da atenção. Entretanto essa dor é apenas um sintoma, um grito que encobre algo muito mais profundo. É como alguém que toma um analgésico para uma dor de cabeça sem saber que, na verdade, tem um aneurisma ou um coágulo no cérebro. Tratar apenas o sintoma não cura a verdadeira causa da doença.

Ao explorar o mundo das famílias empresárias, eu me deparo com relatos de consultorias anteriores que, desafortunadamente, não possuíram a perspicácia para enxergar além da superfície. Elas ouvem a dor, assumem o que visualizam, o topo do iceberg, e tratam apenas o sintoma visível, sem investigar as raízes ocultas do problema. Este é o cerne do desafio: as feridas familiares, os segredos enterrados e as percepções distorcidas, provenientes, muitas vezes, da infância, podem moldar as relações cotidianas e, consequentemente, os negócios.

A compreensão verdadeira emerge quando adoto uma perspectiva complexa. É essencial se aprofundar, indo além das relações evidentes. Cada indivíduo em uma família empresária mantém conexões singulares, moldadas por experiências únicas e interpretações pessoais. Imagine uma simples frase proferida por um pai aos seus filhos; cada filho absorverá essa frase de maneira distinta, moldada por sua percepção individual sobre o pai. O mesmo fenômeno é interpretado de maneiras diversas, criando uma tapeçaria complexa de relações e expressões.

Traumas passados podem desencadear preconceitos e pontos de vista distorcidos, muitas vezes desconhecidos pelo próprio indivíduo. Descobrir esses elementos ocultos é uma tarefa árdua, exige um olhar multifacetado que englobe o lado legal-jurídico, o aspecto organizacional, as dinâmicas familiares, a percepção individual e a influência geracional.

> O verdadeiro trabalho do negociador está na habilidade de costurar e descosturar essa colcha de retalhos que é uma empresa familiar, quantas vezes forem necessárias.

O progresso nem sempre é linear; muitas vezes, avanço enquanto dou alguns passos para trás, pois compreendo que, em alguns casos, a única maneira de seguir em frente é revisitando o passado. A humildade em enfrentar as complexidades, desvendando cada camada, é o que me permite oferecer diagnósticos precisos e reais: "Você tem um tumor, que pode ser tratado, possibilitando que você viva muitos anos sem a dor de cabeça".

Para superar esses desafios, há técnicas, percepções e sensibilidade que são indispensáveis para decifrar as complexidades nas famílias empresárias. A verdadeira maestria do negociador está não só em curar a dor de cabeça, mas em desvendar a origem da dor e, assim, iniciar o processo de cura profunda nas entranhas dessas relações multifacetadas e, geralmente, doentes.

Desmistificar o passado para construir o futuro

É preciso visitar o passado para trazer novos sentidos e construir o futuro. Para isso, o delicado processo de desvendar as raízes da dor e ressignificar os traumas nas famílias empresárias é inevitável. Quando uma dor aparentemente superficial é decodificada, a verdadeira cura começa. Remover o tumor, mesmo que metafórico, e permitir que as pessoas sigam em frente a partir desse ponto é o cerne da nossa jornada.

Alguns dos meus clientes expressaram essa sensação de renascimento, referindo-se a um "marco zero". Mas o que isso realmente significa? Muitas empresas e consultorias passaram por essas famílias, inúmeras terapias foram tentadas, mas poucas foram capazes de zerar o marcador, de dizer: "A partir daqui, construiremos algo novo".

Uma frase de Chico Xavier que compartilho frequentemente nas minhas primeiras reuniões com as famílias, resume essa ideia poderosa: "Não podemos mudar o que passou, mas podemos construir um novo fim".

> Este é o âmago do trabalho de uma negociadora: não podemos desfazer o passado, mas podemos ajudar a redesenhar a narrativa, a ponto de permitir que novas histórias sejam escritas.

O desafio se encontra na crença equivocada e arraigada de que as pessoas não mudam, que estão predestinadas a seguir um caminho único. No entanto essa visão está longe da verdade. As pessoas mudam, e mais frequentemente quando percebem que sua visão de mundo não é absoluta, que há diferentes maneiras de enxergar as situações. Por exemplo, um mal-entendido causado por problemas de comunicação pode ser interpretado como rejeição pessoal. Porém, ao investigar com mais profundidade, percebo que a raiz do problema reside na habilidade de dialogar.

Esse processo de desmistificação é sutil e gradual. Às vezes, as pessoas não reconhecem seus próprios problemas. Vejamos um exemplo, um empresário comunicou sua intenção de almoçar com seus amigos após uma partida de vôlei, mas sua esposa entendeu que ele também a convidara. O desencontro entre eles aconteceu e o mal-entendido revelou um ruído na comunicação, um aspecto em si mesmo que o próprio empresário não conseguia enxergar. Ele não percebia que seus problemas de comunicação afetavam profundamente seu casamento e o seu trabalho também.

> A abordagem em uma negociação visa construir novas perspectivas e, à medida que as percepções mudam, as barreiras começam a desmoronar.

Esse processo gradual permite que as pessoas se abram para o mundo e se permitam novas visões, conexões e relações. É uma transformação profunda, uma jornada delicada e fundamental.

Os desafios presentes nas famílias empresárias são inúmeros, mas as recompensas em desvendar as complexidades da comunicação e das percepções distorcidas são incontáveis. Ao fazê-lo, revela-se não apenas o poder da transformação, mas também a resiliência e a capacidade humana de encontrar um caminho para a cura, uma nova história, não importa quão complicado seja o passado.

Personalizar o processo para um resultado assertivo

Para além dos documentos e toda a formalidade, existe a jornada de transformação nas famílias empresárias. Logo, surge as seguintes perguntas: o que torna o trabalho do negociador complexo tão singular? O que ele entrega de diferente das outras consultorias que existem no mercado? A resposta está principalmente no caminho sinuoso e adaptável que percorremos juntos até chegar aos resultados.

No meu caso, diferentemente das consultorias convencionais, o que ofereço é mais do que um acordo de sócios, um protocolo familiar ou um memorando de entendimento. Claro que esses documentos são parte do processo, mas o verdadeiro diferencial está na forma como eles são construídos. Não sigo um modelo rígido; cada solução é feita sob medida.

As outras consultorias podem ser rígidas em sua abordagem. Elas prometem um memorando de entendimento e seguem esse caminho, mesmo que no meio do percurso surjam situações inesperadas, como a necessidade de uma cisão em vez de uma união. Portanto a flexibilidade é a chave. Se, no meio do caminho alguém decide que não quer mais ser sócio do irmão, eu adapto o percurso.

Afinal, uma jornada de construção de um documento é mais do que apenas um contrato realizado; é um processo vivo, moldado pelas complexidades em constante mudança das relações familiares e empresariais. Por essa razão, destaco nos protocolos e memorandos de entendimento que mais importante do que o documento em si é o processo de sua construção.

> O valor do trabalho do negociador reside na sua flexibilidade e na sua habilidade de mudar de curso quando necessário, para se adaptar às surpresas que o caminho da negociação pode trazer.

Minha experiência me permite antever certos cenários, mas o imprevisível muitas vezes se manifesta. Uma morte, uma separação, uma traição – eventos que não podem ser previstos, mas que podem transformar completamente a dinâmica familiar e empresarial.

O trabalho do negociador tem uma natureza flexível e adaptável, e essa flexibilidade é essencial ao lidar com a incrível diversidade de desafios nas famílias empresárias. Somente ao adotar uma abordagem dinâmica e centrada na adaptação, que o negociador se torna capaz de entregar soluções criativas e eficientes que transformam algo complexo em algo possível. É nesse ponto que surge uma pergunta: como um processo tão personalizado consegue ser replicado em busca de resultados tão singulares?

A personalização X A replicabilidade

A personalização *versus* a replicabilidade é o grande dilema das consultorias modernas. Para compreender melhor esse cenário, precisamos explorar um pouco mais sobre o que torna a entrega das consultorias tradicionais insatisfatória.

> O modelo replicável de consultorias estratégicas é o mais oferecido no mercado, mas não atende às necessidades específicas de clientes que precisam de uma abordagem única para seus desafios complexos.

O engessamento não é apenas sobre seguir um escopo predefinido; é também sobre a mentalidade do produto de prateleira. Muitas consultorias oferecem soluções que são replicáveis para venda em massa. E, claro, esses produtos são mais acessíveis financeiramente, o que atrai muitos clientes. Todavia o que eles não entendem é que essa abordagem está longe de ser personalizada e, portanto, longe de ser resolutiva.

Meu método é como um traje feito sob medida, adaptado meticulosamente para cada cliente, enquanto algumas consultorias tradicionais oferecem um produto genérico, muitas vezes inadequado para situações complexas.

Vivemos em uma era em que a escalabilidade é considerada o padrão de ouro, e a replicação massiva reina supremamente. Muitos veem a personalização como cara e inatingível. Entretanto a abordagem escalável frequentemente resulta em uma solução genérica que não atende às necessidades individuais. As pessoas optam por soluções mais acessíveis, mas percebem, cedo ou tarde, que o preço mais barato se tornou caro, porque o resultado desejado não foi entregue.

Em contrapartida, a abordagem personalizada oferece resultados reais, resolvendo problemas complexos. Ao longo da minha carreira, atestei como a busca pela replicabilidade em detrimento da personalização tem impactado negativamente as famílias empresárias.

Os benefícios de uma abordagem verdadeiramente personalizada são inegáveis. Por conta disso, contratar um negociador para gerenciar crises de alto grau de complexidade não é apenas mais uma despesa para empresa, mas um investimento valioso no futuro da família e dos negócios.

Os limites X Os resultados

Quando a transformação encontra a resistência, o negociador esbarra em limites e tem de lidar com as implicações que eles trazem. Em minha jornada com famílias empresárias, enfrento um dilema delicado: saber lidar com a expectativa de verdadeiros milagres.

Há famílias que anseiam por uma transformação total, mas há limites para o que posso alcançar. Uma realidade que sempre enfatizo é que não faço milagres. O que posso oferecer é um processo estruturado para lidar com comportamentos prejudiciais, mas não posso reescrever a essência de uma pessoa ou de uma família.

Alguns clientes esperam que eu transforme um indivíduo egoísta em alguém altruísta. Contudo comportamentos arraigados não podem ser completamente eliminados. Em vez disso, meu papel é mitigar os danos causados por esses comportamentos. Trabalho com a família para desenvolver estratégias que minimizem os impactos negativos dos traços familiares nos negócios e vice-versa.

Vale lembrar que esse trabalho não é unilateral. A família precisa estar tão envolvida quanto o negociador. Se eles não estão dispostos a colaborar, o processo fica comprometido. É uma via de mão dupla. Ofereço suporte psicológico, médico, jurídico e orientação especializada, mas a família deve estar disposta a percorrer esse caminho comigo. Caso contrário, o projeto não funciona.

Em certos casos, é necessário fazer uma pausa, uma interrupção temporária. Em situações extremas, sugiro interromper o processo até que estejam preparados para retomá-lo. Isso não é uma falha do cliente ou minha; é uma aceitação da realidade. É uma decisão profissional e ética interromper quando não há progresso.

Em algumas circunstâncias, um membro da família, frequentemente o membro transgressor que possui alto poder decisório ou de influência na família, decide que não quer mais participar do processo de negociação. Nesses casos, minha função é fornecer uma avaliação final, documentando o que foi alcançado e o que ainda precisa ser enfrentado. É quase uma forma de vidência, pois, muitas vezes, minhas previsões escritas se concretizam. Se previ que o caos persistirá sem mudanças significativas, geralmente é o que acontece.

Existem certas implicações emocionais e profissionais de aceitar os limites do que posso alcançar. Mesmo quando a resistência se manifesta, há aprendizados valiosos nesses momentos, tanto para mim quanto para as famílias com as quais trabalho. Por trás de cada desafio, certamente há oportunidades de crescimento e compreensão que continuam a moldar minha prática profissional. Mas, para além deste tipo de limites, existem outros...

Eis as principais regras do jogo desde o início: estabelecer limites e respeito.

Em um mundo cuja comunicação, muitas vezes, parece desprovida de etiqueta, estabeleço um conjunto claro de regras. Antes de qualquer mergulho profundo nas complexidades de uma família, apresento minhas condições. Estas não são regras arbitrárias; são os pilares que sustentam um processo flexível e personalizado em busca de transformação. O mínimo que exijo das famílias é uma participação integral, presencial, comprometida e respeitosa.

Para o negociador, estar fisicamente presente é fundamental. O olhar nos olhos, a linguagem corporal sutil, essas nuances não podem ser replicadas em uma tela de computador.

O trabalho com casos complexos demanda uma presença tangível, especialmente quando envolve técnicas de contenção. É um jogo suave entre confrontar e acalmar, algo que não pode ser feito à distância.

Estabelecer limites é uma arte diplomática. Em um contexto empresarial, em que o cliente, muitas vezes, é rei, afirmar que um comportamento inadequado não será tolerado é, para alguns, uma surpresa chocante. Já fui chamada de "louca" e desafiada por aqueles que nunca foram contrariados. Mas aqui está o segredo do sucesso: minha credibilidade reside na fundamentação das minhas regras. Assumo uma posição absolutamente profissional e sou paga não somente pelo meu conhecimento, mas pelo meu discernimento.

Frequentemente, essas interações acontecem no próprio território dos clientes, no ambiente onde eles se sentem mais poderosos. A verdade é que a sala pode ser deles, mas a reunião é deles também. E se não conseguem lidar com o que tem que ser discutido, então talvez seja melhor que se retirem.

Certa vez, um cliente saiu furioso de uma reunião. Os filhos, surpresos, olharam para mim em busca de que eu fosse buscá-lo, mas deixei-o partir para que pudesse processar sua raiva. Depois de alguns dias, convidei-o para uma reunião individual. Com um lírio na mão, entrei com uma mensagem de paz. Pedi desculpas por não ter feito um alinhamento adequado com ele antes da reunião, reconhecendo meu erro, pois as regras servem para mim também. Deixei o lírio sobre a sua mesa como um símbolo da nossa paz renovada.

O cenário ideal para o progresso de uma negociação é a família estar alinhada com o trabalho do negociador e entender plenamente as regras do jogo.

As minhas regras no processo enquanto negociadora são mais do que um guia para a família – são um reflexo do meu compromisso incansável com a transformação. A flexibilidade e a personalização têm, na definição dos limites, o curso do trabalho e a estrutura necessária que molda as relações e nutre uma atmosfera de respeito mútuo e colaboração. Só assim é possível entregar grandes resultados.

——————— BOAS PALAVRAS ———————

Articulação

A articulação requer descobrir verdades e questionar dogmas. Em meio as dúvidas de um recomeço, encontramos a essência da verdadeira transformação. Caio Fernando Abreu nos lembra da natureza dolorosa desse processo, um ciclo incessante de investigação e adaptação: "Recomeçar é doloroso. Faz-se necessário investigar novas verdades, adequar novos valores e conceitos". Nessas palavras, ele nos instiga a mergulhar fundo, a questionar o que pensamos saber e a abraçar as incertezas que o novo traz.

Em um mundo permeado por opiniões superficiais e crenças sem fundamentos, Sócrates ecoa o chamado por uma compreensão mais profunda: "Considero próprio investigar a razão de ser de todas as coisas – como são – e rejeitar todas as opiniões sem explicação". Ele nos desafia a rejeitar a complacência intelectual, a buscar incansavelmente o significado intrínseco das coisas. Para Sócrates, a verdade está nas raízes, nos porquês fundamentais que permeiam nossa existência.

Assim, a verdadeira arte da articulação surge da interseção dessas perspectivas. É a exploração corajosa das verdades desconhecidas, a busca incansável por razões subjacentes. É questionar as convenções, rejeitar os dogmas e estar disposto a desvendar o que está oculto nas entrelinhas da vida. Na nossa jornada de crescimento pessoal e entendimento do mundo, a habilidade de articular novas ideias, de desafiar e de redefinir, é o farol que nos guia por territórios desconhecidos.

Para explorar o poder transformador da articulação, é preciso investigar profundamente e questionar sem reservas. Só assim descobriremos novos caminhos de pensamento e verdades fundamentais que moldam nossas vidas. Afinal, a articulação perspicaz que nos leva além do âmbito familiar é a mesma que nos desafia a criar e a viver de acordo com nossos próprios termos.

A NEGOCIADORA DAS FAMÍLIAS EMPRESÁRIAS EM TEMPOS MUTANTES

Ao refletir sobre a importância de envolver uma negociadora especialista em casos complexos, surge a pertinente necessidade de compreender o valor peculiar da família. Ao final deste livro, é imprescindível que você perceba que, acima de qualquer empreendimento ou negócio, o maior tesouro reside na estrutura familiar. Esta é a premissa fundamental que motiva a busca por uma especialista em negociações complexas de famílias empresárias.

A família, como base primordial de nossas vidas, representa mais do que um conjunto de laços sanguíneos. É o alicerce seguro, o porto onde encontramos estabilidade e onde construímos nossas relações fundamentadas na paz. Benjamin Franklin, sábio observador, declarou que a verdadeira riqueza de uma família reside na paz e harmonia que a envolvem. Nesse contexto, uma família em equilíbrio oferece um terreno fértil para o florescimento de cada membro, permitindo que cada um direcione sua energia para qualquer empreendimento ou trabalho com serenidade.

Partir de casa munido de uma atmosfera pacífica e harmoniosa proporciona ao indivíduo a energia necessária para enfrentar os desafios do dia a dia. Porém o oposto também é verdadeiro. Se a base familiar estiver corroída pelo conflito e pela desarmonia, as consequências podem ser desastrosas. Esse ambiente desestabilizado é comparável a uma estrutura prestes a desmoronar, ameaçando aniquilar os sonhos empreendedores, uma vez que perde seu propósito.

Ao observarmos as gerações da maioria dos fundadores, compreendemos que eles se dedicavam ao trabalho não apenas em busca do sustento material, mas, principalmente, visando proporcionar uma vida digna à família. Essa mentalidade ressalta a importância de valorizar a família como um objetivo maior, em que o trabalho serve como meio de sustentação e crescimento conjunto. Infelizmente, nem todos compartilham essa perspectiva.

> A decisão de procurar uma negociadora de casos complexos só se torna legítima quando o indivíduo reconhece que sua família é o pilar mais significativo em sua vida, a base. Se o foco está exclusivamente no trabalho, desconsiderando o núcleo familiar, a contratação de uma consultora especializada se torna irrelevante.

Afinal, como buscar a resolução de conflitos complexos se a própria estrutura de paz e harmonia familiar é subestimada? Em última instância, a escolha de envolver uma especialista em negociações complexas reflete a consciência clara de que a família é o elemento primordial e precioso em nossa jornada. Somente quando essa compreensão é internalizada é que se torna possível dar os passos necessários em direção à harmonia, preservando, assim, o verdadeiro significado e propósito de nossa existência.

À medida que exploramos as mais imprevisíveis dinâmicas empresariais, é imperativo considerar cenários singulares. Imagine uma empresa de grande porte, com várias gerações colaborando em um ambiente marcado pelo que chamamos de "tempo líquido" – um período de mudanças incessantes e decisões rápidas. Vivenciamos uma era em que o individualismo cresce, e formas extraordinárias de desapego se tornam mais evidentes.

Diante dessas complexas mutações, surge a indagação: seria viável a presença de uma gestora de casos complexos diretamente atuante nesse contexto? Não se trata apenas de determinar se vale ou não a pena. A questão transcende a simples validação. Esse papel, no âmbito das empresas modernas, assemelha-se ao trabalho de consultores especializados em processos complexos e mutações organizacionais. Contudo há um ponto crucial a ser discernido: o negociador não lida simplesmente com uma empresa familiar, mas, sim, com uma família empresária.

A diferenciação entre esses termos é mais do que semântica, revelando uma profundidade na abordagem. Quando se menciona uma empresa familiar, muitos profissionais visualizam processos empresariais, logística, tecnologia e recursos humanos – áreas fundamentais para a operação. Todavia, quando o termo "família empresária" é utilizado, há uma mudança significativa de perspectiva.

Essa perspectiva diferente é percebida inclusive pela inteligência artificial e algoritmos presentes em redes sociais e ferramentas de busca on-line. Ao mencionar "família empresária", há um nível de engajamento menor no ambiente virtual do que quando se utiliza "empresa familiar". Isso ressalta a importância da terminologia na percepção e na abordagem das dinâmicas familiares no contexto empresarial.

Para compreender plenamente essa distinção, é essencial definir sucintamente os conceitos. Uma empresa familiar coloca a empresa em primeiro lugar, focando os processos, a cultura organizacional e a inteligência de negócios. Em contrapartida, uma família empresária prioriza a família, concentrando-se nas relações familiares antes mesmo das complexidades empresariais. Essa sutil diferença de enfoque delineia o caminho a ser seguido.

> Trabalhar com uma empresa familiar é lidar com o tangível, com estruturas desenhadas e culturas organizacionais delineadas. Porém inserir-se no

universo de uma família empresária é imergir na complexidade de cada núcleo familiar, no qual cada dinâmica é única e desafia a previsibilidade.

Assim, ao considerar a pertinência de uma gestora de casos complexos dentro dessa empresa multifacetada, não se deve considerar somente a questão de eficácia operacional. Estamos diante do desafio de conciliar a racionalidade empresarial com a complexidade inerente aos laços familiares, navegando por um território em que as linhas entre o profissional e o pessoal se conectam de maneira absolutamente diversa.

Ao vislumbrarmos as tendências das próximas décadas para a família empresária, é inegável que o grau de complexidade continuará a trilhar uma rota ascendente. A configuração tradicional da família, que anteriormente se resumia em pai, mãe e filhos, deu lugar a uma multiplicidade de arranjos e perfis, aumentando ainda mais a multifacetada teia familiar. No contexto empresarial, no qual os laços familiares se entrelaçam com os desafios dos negócios, essa complexidade atinge novos patamares.

Contratar uma negociadora especializada em casos complexos de famílias empresárias é uma decisão motivada pela percepção de que a expertise necessária vai além do convencional. Esta não é uma solução pronta e genérica; é uma abordagem altamente especializada e personalizada.

A singularidade da profissional, que se destaca como especialista em resolver questões complexas, revela-se como um investimento valioso, mas também exclusivo!

A possibilidade de um acompanhamento perene, por razões preventivas, surge como uma realidade palpável. A ideia de manter uma negociadora de casos complexos como uma presença constante na dinâmica familiar e empresarial não é apenas plausível, mas pode já ter sido implementada. Contudo é preciso compreender que esta não é uma solução acessível a todos. A natureza especializada demanda recursos substanciais, tanto em termos financeiros quanto em comprometimento.

Por outro lado, o meu trabalho transcende a atuação individual. A minha escola de sucessores on-line, independentemente da minha presença física, evidencia a capacidade de replicar metodologias e assegurar a continuidade do legado. No entanto ressalta-se que a verdadeira essência da minha expertise está nos casos complexos que exigem intervenções personalizadas e um investimento de tempo considerável.

A negociação de casos complexos é uma especialidade rara, um diamante na vastidão do terreno profissional. O negociador se propõe a resolver problemas em um nível de complexidade que poucos ousam enfrentar.

Com uma visão para o futuro, busco ser uma solução para famílias que foram escolhidas seletivamente pelo seu comprometimento com o processo. São essas pessoas que fazem os meus olhos brilharem. E o grande objetivo da minha carreira é ajudá-las a escrever uma nova história, assim como cada família com que tenho o privilégio de estar presente faz parte da minha, pois são elas que reconhecem, com a minha atuação, que sou UMA NEGOCIADORA DE CASOS COMPLEXOS PARA FAMÍLIAS EMPRESÁRIAS.

FONTE Utopia Std
PAPEL Pólen Natural 80 g/m²
IMPRESSÃO Paym

FSC
www.fsc.org
MISTO
Papel produzido
a partir de
fontes responsáveis
FSC® C133282